AF216922

Sommerwind in der Mähne

1. Auflage 2022
© Ueberreuter Verlag GmbH, Berlin 2022
ISBN 978-3-7641-5233-8

Lektorat: Angela Iacenda
Umschlaggestaltung: Carolin Liepins
unter der Verwendung von Fotos von © Shutterstock / Sheryl Williams – APSNZ;
Shutterstock / MicroOne; Shutterstock / balabolka; Shutterstock / AstarteJulia
und Shutterstock / chekart
Druck und Bindung: CPI books GmbH, Leck
Gedruckt auf Papier aus geprüfter nachhaltiger Forstwirtschaft.
www.ueberreuter.de

MINA TEICHERT

# SOMMER WIND

## in der

## Mähne

ueberreuter

# Schottland

Ich muss zugeben, ich bin noch nie gerne geflogen. Schon als kleines Kind nicht. Und wenn man mich fragt, ich hätte liebend gerne darauf verzichtet, nach Schottland zu reisen, um meine Tante Hillary zu besuchen. Aber mich hat keiner gefragt. Mein Koffer wurde sogar für mich gepackt, als würde man es gar nicht erwarten können, mich loszuwerden. Dabei hatte ich zuvor gerade erst sechs Wochen im Krankenhaus und dann Monate in der Reha verbracht. Man sollte wirklich meinen, dass meine Eltern meine Gegenwart länger ertragen würden als ein paar Wochen.

Mein Magen zieht sich zusammen, vermutlich weil das Flugzeug in den Sinkflug geht und den Flughafen von Edinburgh ansteuert. Der kleine Junge neben mir quietscht fröhlich auf und strampelt mit den Beinen, dabei verpasst er mir einen ordentlichen Tritt gegen mein schlimmes Knie. Ich verschlucke einen Schmerzenslaut und ringe mir trotzdem ein Lächeln ab. Er heißt Justus und ist fünf Finger alt. Und nach der letzten Stunde, in der ich von ihm mit Filzstiften erstochen, Bilderbüchern erschlagen und Kuscheltieren erstickt wurde, kann ich es nicht erwarten, den Nervzwerg endlich loszuwerden.

»Wir gehen jetzt gaaanz schnell runter«, kräht er und klimpert

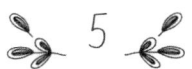

mit den blauen Augen. Ich unterdrücke einen genervten Seufzer. Stattdessen lächle ich sparsam und antworte: »Ja, endlich landen wir und können alle aussteigen. Yay.«

»Hui«, macht er und wirbelt mit seinem Stoffkrokodil. Seine Mutter guckt stoisch aus dem Fenster. Ich frage mich, ob sie mit offenen Augen schläft oder sich ihr Kind einfach mal wegdenkt.

»Ja, hui«, imitiere ich den Knirps, der beständig herumwippt. »Und jetzt versuchen wir mal, ganz still zu sitzen, damit das Flugzeug nicht umkippt, okay?« Ich gebe zu, ein schwacher Versuch. Aber man kann es ja mal probieren.

»Ein Flugzeug kippt nicht um«, hofft der Zwerg. »Mama, das kippt nicht um, oder?«, vergewissert er sich.

»Nein, Schatz. Ganz bestimmt nicht.« Nur kurz streift mich ihr Blick, bevor sie nach etwas in ihrer Tasche sucht.

»Du brauchst keine Angst haben«, flüstert mir der Kleine nun zu und tätschelt aufmunternd meine Hand. Diese Geste sollte etwas mit mir machen, ich weiß es, denn ich war einmal ein soziales Wesen. Ich mochte sogar Kinder mal wirklich. Doch jetzt ist da nichts. Nur das dunkle Pochen in meiner Brust, dort, wo einst ein fröhliches Herz schlug. Denn seit dem Unfall ist alles anders. So viel ist kaputt. Nicht nur mein Bein, sondern mein ganzes Leben.

Das Flugzeug sinkt. Ich ziehe den Gurt fester, versuche, an Justus-fünf-Finger-alt und seiner Mutter vorbei aus dem Fenster zu schauen. Wir fallen durch weiße Wolken und mein Magen zieht

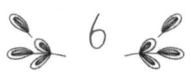

sich noch heftiger zusammen. Augenblicklich verkrampft sich alles in mir, meine Finger krallen sich in den Gurt und ich zähle innerlich bin zehn.

»Hui«, macht Justus erneut und in mir ist es, als höre ich Sarah, meine beste Freundin, die mich anfeuert.

»Yay! Hüa!«, jubelt sie. Galoppiert direkt auf meiner Höhe durch den Wald und filmt mich mit dem Handy. So wie sie es oft getan hat, wenn wir ausgeritten sind und alle gemeinsam mit den anderen Wettrennen machten. Für eine Millisekunde spüre ich den Wind, der mir den Atem nimmt und höre donnernde Hufe auf Waldboden.

»Wir sind da!«, kräht der kleine Justus. Das dämliche Krokodil fliegt mir um die Ohren, das Flugzeug bremst und ich kneife die Augen zu.

Ich kann Sarahs Aufschrei wieder in mir hören und fühlen, als diese verdammte Wildschweinrotte aus dem Dickicht schoss und meine Stute Hope zu Tode erschreckte. Es ging alles so wahnsinnig schnell, dass ich kaum reagieren konnte. Damals – an dem Tag, der alles veränderte. Das Donnern ihrer Hufe in mir wird ohrenbetäubend. Ich kann es in jeder Faser meines Körpers fühlen und ich versuche, dem Flashback zu entkommen.

»Mama, kann ich jetzt aufstehen?«, will Justus wissen und ich öffne die Augen. Er fingert bereits an dem Verschluss des Gurtes herum. Seine Mutter fängt seine Hände ein und drückt ihn in den Sitz. »Wir müssen erst richtig landen, Schatz.«

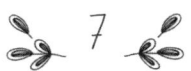

Der Schub der Flugzeugdüsen kehrt sich um, die Räder setzen auf Asphalt und ich denke, ich falle, als wir landen.

»Jetzt?« Justus juchzt.

»Nein, erst wenn wir stehen und die Lichter dort oben ausgehen«, erklärt sie geduldig und drückt seine kleine Hand.

»Hey, du? Enola, richtig?«, spricht mich seine Mutter an. Sie sieht mich lieb an. »Alles in Ordnung mit dir?«

Ich habe gar nicht gemerkt, dass ich Geräusche mache. Kleine abgehackte Laute, die sich nach Schluchzern anhören, aber keine sind. Eher eine Reaktion auf die nahende Panikattacke.

»Ja, alles gut. Ich hasse fliegen.« Mein Lächeln schmerzt auf meinem Gesicht und Justus tätschelt mich erneut. Diesmal an der Wange. Wie kann es sein, dass er so entzückend ist und sich alles in mir gegen seine Fürsorge sträubt?

»Zum Glück haben wir es ja geschafft«, meint sie und das Flugzeug wird langsamer. Bald darauf steht es und Unruhe bricht aus. Alle packen ihre Sachen, ziehen sich ihre Jacken an und reihen sich in die Schlange zum Ausgang ein. Dabei bekomme ich die Reisetasche eines Typen gegen die Schulter.

»Du?«, spricht mich Justus an. »Ich werde Kühe streicheln«, erzählt er mir. »Schottlandkühe. Die sind anders als unsere. Hübscher«, meint er.

»Na so was, dann wünsche ich dir ganz viel Spaß dabei«, sage ich und stehe auf. Im nächsten Moment fange ich seinen Sturz auf,

weil seine kleinen Füße sich in der Schlaufe seines Rucksacks verheddern.

Die Stewardessen verabschieden sich freundlich von jedem ihrer Fluggäste und schon bald werden alle durch den Ausgang in den Flughafen gespült. Ich bin beinahe das Schlusslicht, als ich an der Gepäckausgabe ankomme. Mein Bein macht mir richtig zu schaffen, es tut höllisch weh nach dem langen Sitzen und ich atme erleichtert auf, als mein Koffer auf dem Transportband erscheint und ich die Empfangshalle verlassen kann.

Der kleine Justus-fünf-Finger-alt winkt mir zum Abschied zu und ich entdecke Tante Hillary, die bereits auf mich wartet. Sie trägt einmal mehr ihren extravaganten Hut auf dem rotbraunen Lockenkopf.

Es ist ein komisches Gefühl, hier anzukommen. Eine Mischung aus leiser Freude, gepaart mit Gleichgültigkeit und sogar Widerwillen. Dabei war ich als kleines Kind sehr gerne bei ihr zu Besuch gewesen und habe die schottische Landschaft, das raue Meer und natürlich die Ponys auf ihrem Hof geliebt.

Hillary winkt und ich umrunde den Typen, der mich im Flugzeug mit seiner Tasche geschubst hat. Er starrt auf sein Handy, achtet nicht auf seine Umgebung. Das Stimmengewirr in der Halle wird immer lauter und bald schon schließt mich Hillary in die Arme.

»Enola, Süße, da bist du ja endlich. Wie war der Flug?«, nuschelt sie mit ihrem weichen schottischen Akzent in mein Haar. Ich wur-

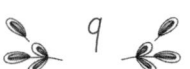

de zweisprachig erzogen, aber meine Tante spricht auch ein wenig Deutsch.

»Keine Turbulenzen, die Schwierigkeit war eher, durch den Metalldetektor zu kommen«, scherze ich und deute auf mein Knie, das seit Neuestem von Metall zusammengehalten wird. Hillary gibt mich frei, mustert mich besorgt. »Oh, Schatz. Es tut mir so leid, was geschehen ist«, betont sie immer wieder. Wie schon so oft am Telefon und ich beiße die Zähne zusammen. Ich will es nicht hören. Und nicht darüber reden.

»Ja, das ist vorbei«, versuche ich mir selbst beizubringen. Doch wie immer, wenn ich das behaupte, empfinde ich eigentlich genau das Gegenteil.

Sanft legt sie den Arm um meine Schulter, nimmt mir den Koffer ab und schlendert mit mir zum Ausgang. In der Ferne sehe ich Justus, wie er seiner Mutter entkommt und auf einen Stand mit Brötchen zurennt.

»Es hätte schlimmer kommen können. Du hast einen Schutzengel gehabt«, findet Hillary und der warme Strom Heizungsluft vor der automatischen Tür hüllt uns ein.

»Ja, genau«, brumme ich und Wut schäumt in mir hoch. Mein verschissener Schutzengel hätte seinen Job besser machen können. Oder etwa nicht? Wenn ich meine Aufgaben so erledigen würde, nur so zu etwa 60 Prozent, dann würde ich meinen Schulabschluss vermutlich nicht mal schaffen. Wenngleich ich jetzt sowieso hinter-

herhinke, im wahrsten Sinne des Wortes. Draußen angekommen, pfeift mir der schottische Sommerwind um die Nase. Hillary wirft meinen Koffer auf den Rücksitz ihres uralten Jeeps und hält mir dann die Beifahrertür auf.

»Na dann, mal rein in das gute Gefährt«, singt sie vergnügt und mein Knie zwiebelt, als ich es beuge und mich auf den fleckigen Sitz fallen lasse.

»Du wirst nicht glauben, was die letzten Tage so los war«, fängt sie an zu berichten. »Du kommst genau richtig. Ich kann deine Hilfe wirklich gebrauchen.« Sie zwinkert mir zu, schließt die Tür und ist verdammt schnell selbst im Wagen. Der Motor stottert, als sie ihn anlässt, wie früher schon. Hillary könnte sich durchaus mal ein neues Auto zulegen. Mama sagt, finanziell ginge das ohne Probleme. Sie hat einen guten Job als Grafikerin und ihre Shetlandpony-Zucht läuft auch bestens.

»Wir erwarten noch ein ganz spätes Fohlen. Ist das nicht toll? Du kannst miterleben, wie es auf die Welt purzelt. Tinystar fohlt zum ersten Mal. Ich hab dir doch Fotos geschickt?« Ihre Augenbrauen wackeln lustig und mein Mundwinkel zuckt.

»Ja, die winzige Scheckstute.«

»Genau, sie gehört zu den Minis. Mit nur 68 Zentimeter Stockmaß ist sie meine Kleinste.«

Jemand hupt, denn Tante Hillary hat anscheinend die Vorfahrt missachtet, aber sie fährt unbekümmert weiter.

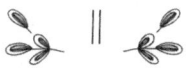

Mein Blick heftet sich auf das Museumsschild des *National Mining Museum* in Newtongrange, als wir die Schnellstraße entlangdüsen. Schottland verfügt über große Kohlevorkommen, besonders innerhalb des industriellen Gürtels zwischen Dundee, Glasgow und Edinburgh. Soweit ich weiß, haben sogar Tante Hillarys und Mamas Vorfahren in einer Zeche gearbeitet.

Die zweite Hälfte der Fahrt, nachdem wir die Brücke überquert haben, spricht Hillary mich auf Sarah an.

»Und hast du dich noch mit deiner Freundin getroffen?« Ihr Blick wird ernst und ich wünschte, sie würde nicht so viel reden.

»Ich hab mit ihr geschrieben«, antworte ich und weiß, dass es nicht dasselbe ist. Sarah hatte mich nach dem Unfall im Krankenhaus besucht und ich hatte sie weggeschickt. Ehrlich gesagt, weiß ich nicht mal, wieso. Aber ihr war nichts passiert, den anderen drei Reitern auch nicht. Nur mir.

Und ich hatte das Gefühl, sie konnte überhaupt nicht verstehen, was in mir vorgeht. Und zu allem Überfluss fing sie immer wieder an, von diesem Tag zu reden, was es nicht gerade einfacher machte, die Bilder aus meinem Kopf zu bekommen.

»Du solltest sie nicht so auf Abstand halten, Enola. Sie ist deine Freundin, sie will bestimmt nur dein Bestes und für dich da sein.«

»Ich weiß.« Mama hatte auch versucht, mit mir darüber zu sprechen. Jeder braucht Freunde, gerade in schweren Zeiten, hatte sie gemeint.

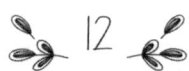

»Das wird alles wieder. Du wirst schon sehen«, schließt Hillary und lässt ihre beringten Finger über meinen Oberschenkel tanzen.

»Ich weiß, ich brauch nur einfach noch etwas Zeit für mich«, sage ich dann irgendwann tonlos, während unvermittelt Regen einsetzt und mit Wucht an die Fensterscheibe schlägt.

»Na, sieh mal einer an«, wundert sie Hillary. »Dabei war doch Sonne angesagt für heute.«

Sie setzt den Blinker, biegt auf den Landweg in Richtung Nirgendwo. Die Landschaft versinkt im Regen, der Scheibenwischer kommt kaum gegen die Wassermassen an und ich lege meine Stirn ans kühle Fensterglas. Ich kann die alte Burgruine *Ravenscraig Castle* sehen, wie sie immer wieder aus dem Dunst des Unwetters auftaucht. Geisterhaft und wunderschön.

»Stell dir vor, der alte Bob hat jetzt 'ne Frau«, erzählt meine Tante vom Hufschmied des Ortes. Wir hatten uns das alle für ihn gewünscht, denn er ist wirklich einer der charmantesten Männer in ganz Schottland.

»Das ist ja schön.«

»Ja, und Claire ist auch noch nett. Gerade erst zugezogen aus den Highlands. Du wirst sie mögen.«

»Hm«, mache ich und hoffe inständig, dass Hillary nicht vorhat, Gott und die Welt zu sich einzuladen, solange ich bei ihr bin.

»Sie ist jeden Freitag auf dem Markt und verkauft eigenen Honig und selbst gemachten Schmuck«, erzählt sie weiter.

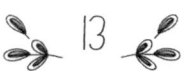

Am Horizont taucht der Strand auf, ich kann das Tosen der Wellen sehen, wie sie aufs Land zurollen und sich an den Felsen brechen.

»Und weißt du, was echt interessant ist an dieser Frau?«

»Nein, was denn?«

»Sie kann aus der Hand lesen.« Hillary lacht.

»Ja, genau. Ich glaube nicht an so etwas«, sage ich und blicke sie vielsagend an. Als ich zehn war, habe ich mir weismachen lassen, man könne mit einem Ouija-Brett die Toten rufen. Effie und Finley Froggatt, die Nachbarskinder, hatten mich damals ganz schön auf die Schippe genommen.

Ihr Lächeln verrutscht. »Och, wirklich nicht? Wie bedauerlich.«

»Was hat sie dir denn weisgesagt?«, frage ich, weil ich das Gefühl habe, dass sie sich das wünscht.

»Och, nur dies und das.«

»Was genau?«

»Dass ich bald Gesellschaft haben werde. Und siehe da, sie hatte recht«, freut sie sich und zwinkert mir zu.

Es wird still im Wagen, nur draußen tost es weiter.

Irgendwann taucht das hübsche Schild am Straßenrand auf. In geschwungenen Buchstaben und in Rosen eingebettet steht dort *Hillary McKenzie Cottage Shetland Stud farm* und wir biegen auf den holprigen Weg, der über einen Hügel führt.

»Wie viele Ponys hast du denn zurzeit?«, frage ich, weil ich das Gefühl habe, ich muss etwas sagen. Ich möchte keine schlechte

Stimmung verbreiten, will nicht, dass Hillary es bereut, mich geholt zu haben. Egal, wessen Idee das Ganze letztlich war.

»Oh, lass mal überlegen. Die acht Stuten, die bereits ihre Fohlen bei Fuß haben … die Nachzucht, eine Herde aus zehn Jungtieren und Tiny, die bald ihr Fohlen bekommt, und drei Hengste. Die stehen gerade etwas weiter entfernt auf der Sommerweide und die Stuten mit den Kleinen in der Halle am Haus.«

»Ach, stimmt ja. Du hattest ja extra angebaut.«

Das eigentliche Cottage ist nämlich gar nicht mal groß. Es besteht aus einem ziemlich winzigen Haupthaus aus grauem Stein und einem Nebengebäude mit zwei kleinen Boxen und dem Hühnerstall.

»Ich hab die Halle an die hintere Weide bauen lassen. In ihr stehen die Stuten und die Jährlinge wie in einem Offenstall und ich kann von vorne mit dem kleinen Traktor hinein, ausmisten und Ballen umherfahren. Das macht die Arbeit um einiges leichter.«

»Das glaub ich sofort.« Als ich acht war, mussten wir ständig Ställe ausmisten. So war die Hälfte des Tages gefüllt und raubte manchmal den ganzen Spaß an der Ponyhaltung.

»Und dann wäre da noch Pitty, ein etwas älterer Wallach«, fügt Hillary an und seufzt. »Ich habe ihn von einem Nachbarn übernommen, vor einigen Jahren, da er nach dem Verlust seiner Frau wegzog und Pitty nicht mitnehmen wollte.«

»Das war lieb von dir. Für die Zucht kannst du ihn ja nicht gebrauchen.«

Wiesen erstrecken sich auf beiden Seiten des Weges. Sie sind überwiegend mit Schafzäunen eingegrenzt, und während wir eine kleine Anhöhe erreichen, erscheint auch schon das Cottage.

»Oh und ob man mit Pitty was anfangen kann. Ich muss gestehen, der Kleine ist ein wahres Wunder. Er wurde von Kindern geritten, legt sich auf Kommando hin und geht einwandfrei vor der Kutsche.«

»Ach so?« Ich schaue zu Hillary, die sich auf die Lippe beißt, als sie durch ein Schlagloch hüpft.

»Und er ist ein wahrer Entfesselungskünstler. Ich wollte ihn in Houdini umbenennen, allerdings hört er eben nur auf seinen Namen Pitty.«

»Da bin ich ja mal gespannt«, entgegne ich.

Plötzlich reißen die Wolken wieder auf, der Regen ebbt ab und schon kann ich die erste kleine Herde erkennen. Sie stehen dicht an dicht in der Nähe der Bäume. Die verschieden farbigen Hinterteile in Regenrichtung.

»Kannst du sein, du wirst ihn bestimmt mögen. Ich hatte selten ein so freundliches Pony«, sagt sie und fügt theatralisch an: »Ich wünschte nur, er hätte nicht so viel Unsinn in seinem dicken Kopf.«

Unsinn. Das Wort hallt in mir wider. Es ist verwandt mit Leicht-

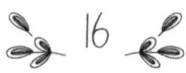

sinn. Und als leichtsinnig hatte man uns Mädchen betitelt, nachdem der Unfall passiert war.

*Vielleicht hättet ihr kein Wettrennen im offenen Gelände machen sollen*, hatte man gesagt. *Womöglich hättet ihr euch dabei nicht noch filmen sollen, dann wärt ihr konzentrierter gewesen.*

*Hätte, hätte, Fahrradkette*, hatte Mama die anderen irgendwann angeschnauzt. *Das hilft nun wirklich niemanden mehr, diese Vorhaltungen.*

Der Jeep wird langsamer, Hillary parkt vor dem Nebengebäude mit seinem Lavendelbeet und dem blauen Rolltor. Mit Schmackes zieht sie die Handbremse an.

»Da wären wir, my Dear«, sagt sie feierlich und steigt aus.

Sie ist verflixt schnell bei mir und will mir hinaushelfen, doch ich schlage ihre stützende Hand aus. Ich muss auch alleine klarkommen, denn es wird nicht immer jemand da sein, der das tun will.

»Ich schaff das alleine«, sage ich etwas zu scharf und schäme mich augenblicklich, als sie sich wortlos dem Koffer widmet.

»Du bekommst das Zimmer im Dachgeschoss«, verrät sie mir, als wir eintreten. Ich schaue mich um, mein Blick huscht durch den Flur, der sofort ins gemütliche Wohnzimmer mit seinem Kamin übergeht. Die offene Küche mit ihren an den Wänden hängenden Tellern ist gleich dahinter.

»Hier sieht es ja immer noch aus, als wäre die Zeit vor einhundert Jahren stehen geblieben«, sage ich und nehme Hillary den Koffer ab.

»Ich mag es so. Wie zu Großvaters Zeiten.«

Ich zerre den Koffer hinter mir her, zur schiefen Treppe, die unter das Dach führt. Das Haus ist nicht sonderlich hoch, dafür aber nicht wirklich gerade. Möglicherweise ist das dem schottischen Wind geschuldet, der ständig ums Gemäuer pfeift und es nach seinen Vorstellungen biegt.

Ich setze den Fuß auf die erste Stufe, sie knarzt unter meinem Gewicht, und als ich den Koffer anhebe, passiert es: Mein kaputtes Knie gibt nach und ich krache beinahe hin. Autsch! Gerade noch so greift Hillary mir unter den Arm.

»Scheiße!«, stoße ich aus und starre im nächsten Moment in zwei glimmende Augen, die mich fixieren. Etwas hockt im Halbdunkel des Obergeschosses auf der letzten Stufe.

»Oh, das ist Dobby, mein Hauself«, klärt meine Tante mich auf. Ich komme wieder auf die Beine. Dieser Dobby, ein graues Ungetüm aus Fell mit Krallen, peitscht mit dem Schwanz.

»Der unterstützt dich im Haushalt?« Das kann ich mir nicht vorstellen. Bei *Harry Potter* sah Dobby sehr viel freundlicher aus.

»Nicht unbedingt«, meint Hillary.

»Und in welcher Funktion ist der dann hier?«

»Mäusefänger, schätze ich.« Hillary wedelt mit der Hand in seine Richtung.

»Hat er was?«, frage ich besorgt.

»Schlechte Laune, er hat immer schlechte Laune, dieser Kater.

18

Aber er tut nichts. Solange man ihn nicht auf den Arm nimmt«, meint meine Tante und Dobby denkt gar nicht daran, den Weg frei zu machen. Er glotzt mich weiter aus gelben Augen an, als warte er nur darauf, dass ich mich in Reichweite seiner Krallen befinde.

»Bist du sicher, dass er nichts tut? Eine Narbe im Gesicht reicht mir.« Und sie ist immerhin fünf Zentimeter lang und verläuft mir quer über die Stirn. Ganz zu schweigen vom Riss in meiner Lippe, den man auch noch sehr gut erkennen kann.

Hillary wirft eine herumliegende Socke nach dem Viech und es trollt sich. Das kann ja heiter werden.

# Erinnerungen sind das halbe Leben

Das kleine Zimmer mit seinen Vorhängen aus Spitze sieht einladend und warm aus. Ich kann mich noch gut an das alte Holzbett mit seinen Löchern erinnern, in dem ich mit Mama zusammen geschlafen hatte, als wir das letzte Mal hier waren. Sacht schiebe ich den Koffer in die Nische vor dem Schrank und gehe zum Fenster, um hinauszuschauen.

»Am besten, ich lasse dich erst mal auspacken, okay?«, fragt Hillary und wippt im Türrahmen stehend auf den Zehen. Dobby guckt durch ihre Beine und faucht.

»Ich räume meine Klamotten in den Schrank und komme dann zu dir runter«, antworte ich und ziehe die Gardine weiter auf. Von hier aus kann ich bis zum Hügel gucken, an dem Hillarys Grundstück beginnt. Die Wiesen und Weiden sind von alten, für das Land typischen Steinmauern unterbrochen, beim angrenzenden Nachbarn grasen Schafe und wenn ich an der alten Eiche vorbeischaue, sehe ich die Stutenherde.

»Lass dir alle Zeit der Welt. Ich bin unten und koche uns was Hübsches.« Hillary zwinkert mir zu und geht dann zurück zur Treppe. Leider folgt ihr Dobby, der Hauself, nicht, sondern setzt sich nun in den Türrahmen und beobachtet mich.

»Wenn Blicke töten könnten, was?«, sage ich zu dem Viech und es blinzelt.

»So wie es aussieht, bin ich nicht ganz so leicht totzukriegen«, verrate ich der Katze und öffne den Schrank. Er ist beinahe leer, nur die unteren Fächer sind mit Blümchenbettwäsche gefüllt, mit der auch das Bett bereits bezogen ist.

»Du kannst also aufhören, mich so fies anzugucken.« Dobby denkt nicht dran.

Und ich wage es nicht, ihm den Rücken zuzukehren. Also ziehe ich den Koffer aus der Ecke und wuchte ihn zwischen mich und die Katze.

»Verdammt«, murre ich, als ich sehe, was Mama mir alles einpackt hat. Kleider und Röcke mit Leggings und Pullovern. Ich hätte sie das letzte Mal, als wir einkaufen waren, nicht anmeckern sollen, dass der Stoff von Jeans mir am Knie wehtut. Jetzt hab ich den Salat. Ich hänge das erste Kleid aus Wolle auf einen Bügel, dann ein anderes aus Seide. Beim nächsten Herzschlag bleibt mir die Luft weg. Meine Finger berühren den ledrigen Stoff meiner Reithose und ich zucke zurück, als hätte ich mich verbrannt.

Wie kommt sie darauf, dass ich sie je wieder brauche? Ich habe ihr klar und deutlich gesagt, dass ich niemals mehr auf ein Pferd steigen werde. Niemals!

Ich lasse mich auf den Hintern sinken, zwischen Bett und Koffer. Wenn mich nicht alles täuscht, hat Dobby sich näher gewagt, sitzt

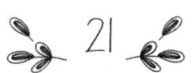

nun nicht mehr direkt im Türrahmen, sondern etwa einen halben Meter davor.

»Verpiss dich einfach«, knurre ich. Dobby miaut.

»Ich bin nicht freiwillig hier, beschwer dich gefälligst woanders.«

Dobbys Augen werden groß, sein Fell sträubt sich. Es sieht etwas pikiert aus, wie er mich anguckt, sich erhebt und dann eilig verschwindet.

Ich bin allein. Ich habe keine Ahnung, wie lange es dauern wird, alles in den Schrank zu räumen. Das Allerletzte, das ich aus dem Koffer fische, ist Hasi. Ein Stofftier, das ich seit Kindertagen habe und das ich immer noch mit ins Bett nehme. Hasi war der Einzige, den ich im Krankenhaus in meiner Nähe ertrug. Mit einem gezielten Wurf landet er auf dem Kopfkissen, bevor ich mich aufraffe und nach unten gehe.

Unten angekommen erwartet mich ein Teller Rührei und Kakao vom Feinsten. Mit Sahne und Streuseln.

»Du musst hungrig sein«, vermutet Hillary und rückt mir einen Stuhl mit Schafspelz zurecht.

»Ein bisschen.«

»Ich könnte ein ganzes Pony verspeisen«, scherzt Hillary und zupft an meinem Flechtzopf, während ich mich setze.

»Ich fürchte, von deinen Ponys wird niemand satt«, gehe ich auf sie ein und mir steigt ein vertrauter Geruch in die Nase. Ich wette, Tante Hillary haut immer noch Tabasco ins Ei. Noch zu gut kann

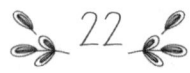

ich mich an einen Tag im Winter erinnern, als Effi zu Besuch kam und nicht auf die Schärfe im Essen vorbereitet war. Sie lief puterrot an und trank den Kakao in einem Zug. Dabei verschluckte sie sich allerdings so sehr, dass ein Teil davon aus ihrer Nase lief. So unangenehm wie lustig.

Sofort sind auch andere Erinnerungen da: die Wasserschlacht am Strand. Effi hatte Wasserbomben gemacht und mir die erste in die Hand gedrückt, um ihren großen Bruder Finley damit abzuwerfen. Es war recht kühl, ein rauer Ostwind pfiff uns um die Ohren und wir wollten den tosenden Wellen dabei zusehen, wie sie auf den Strand rollten.

»Hey, Enola, wag es nicht!«, rief mir Finley, der gemütlich ein Buch las, schon von Weitem zu. Natürlich schüchterte er mich sofort ein und ich blieb stehen. Effi hingegen überlegte nicht lange. Sie warf gleich zwei in seine Richtung. Und kurz darauf befand ich mich eher als Unbeteiligte inmitten eines Krieges, aus dem wir alle patschnass hervorgingen.

»Iss etwas, Liebes«, holt mich Hillary aus den Gedanken zurück.

Nachdenklich stochere ich im Rührei und beobachte Dobby, wie er auf den Stuhl neben Hillary springt und auf ihren Teller schaut.

»Soll ich Effi zu morgen mal einladen?«, fragt meine Tante und rettet ihr Essen vor dem frechen Kater, der schon seine Tatze danach ausgestreckt hatte.

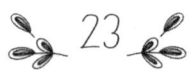

»Nein, nein. Ich schaue selbst bei ihr vorbei, wenn mir danach ist«, beeile ich mich zu sagen und in meinem Magen summt es unangenehm. Ein bisschen fühlt es sich an wie Schmetterlinge. Die hatte ich, als ich in Fiete verknallt war und er mir meinen ersten Kuss gab. Doch diese hier sind böse. Fiese kleine Schmetterlinge, die immer mal wieder aufschwirren, mich an meine Traurigkeit erinnern und in meine Magenwände stechen.

»Sie wird sich ganz bestimmt sehr freuen, ganz sicher«, meint meine Tante und klopft auf Dobbys Tatze, weil er immer noch bettelt. Für einen Moment sieht er wirklich niedlich dabei aus, wie er sie anstupst und anblinzelt.

»Wie bist du denn zu diesem Goldschatz gekommen?«, interessiere ich mich für den neuen Mitbewohner, der nun wieder mich anstarrt, als würde er mir gerne die Tür zeigen und mich rausjagen.

»Ach, das war eine lustige Geschichte«, beginnt meine Tante. »Erinnerst du dich noch an Siobhan, die Fischerin?«

Ich nicke und probiere das Rührei. Es ist schärfer, als ich dachte.

»Sie ist ins Krankenhaus gekommen …«

»Lustige Geschichte«, murmle ich und öffne meinen Zopf, fahre mit den Fingern durch das Flechtwerk, um es zu entwirren. Als könne ich damit auch meine Gefühle entzerren.

»Komm schon, ich bin noch nicht fertig. Sie hatte etwa zwanzig von denen.« Hillary nickt zu Dobby. »Und sie mussten versorgt werden. Das halbe Dorf hat gerade eine Katze zu betreuen und …«

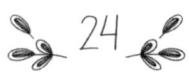

»Lass mich raten: Diesen Kater wollte niemand?«, vermute ich. Jetzt ist Dobby richtig pikiert, seine Augen sind riesig und er hat einen empörten Ausdruck im Katzengesicht.

Hillary lacht und tätschelt seinen dicken Kopf.

»So in etwa, er ist ein bisschen schwierig«, gibt sie liebevoll zu und greift zur Milchkanne, was Dobby klagende Laute entlockt. Schließlich bekommt er einen kleinen Teller vor die Nase. Ganz langsam wandern meine Gedanken zu Hope. Ich sehe meine schöne schwarze Stute, wie sie nach einer Möhre in meiner Hand angelt in ihrer unverwechselbaren Art, mit schief gelegtem Kopf und die Oberlippe ganz weit nach vorne geschoben. Wie aus einem antrainierten Reflex schüttle ich kaum merklich den Kopf, vertreibe die Bilder aus meinem Hirn.

»Die meisten der Katzennehmer haben Kinder und die mag Dobby leider gar nicht«, erzählt sie und der Kater schleckt genüsslich seine Milch.

»Aber er fängt hervorragend Mäuse, was für meinen Stall wirklich ein Segen ist. Und er hat einen gewissen Unterhaltungswert«, findet Hillary.

Ich runzle die Stirn. Ich fand Horrorfilme nie besonders unterhaltsam, und dieser Kater könnte einem entsprungen sein.

»Deine alte Katze gefiel mir trotzdem besser«, kann ich mir nicht verkneifen, als ich an die schwarz-weiße Lieselotte denke. Sie konnte Schnurren wie eine Weltmeisterin und war total verschmust.

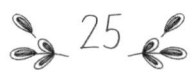

Selbst nachdem ich sie mit in die Badewanne genommen hatte, was sie zugegeben nicht so prickelnd fand, war sie immer noch nett und schlief am Fußende des Bettes.

Nachdem ich aufgegessen, meinen Teller in die Spüle gestellt und den Tisch abgewischt habe, schlüpfe ich in karierte Gummistiefel. Meine Tante hat fast nur karierte Sachen, ganz schottisch, wie sie findet. Sie kann sogar Dudelsack spielen und hat schon mal versucht, es mir beizubringen. Leider bin ich total talentfrei, was Musikinstrumente angeht.

Während Hillary bereits in voller Stallmontur neben mir steht und am Hintereingang des kleinen Hauses auf mich wartet, klaut dieser blöde Dobby mein Haargummi, das ich auf die Ablage gelegt hatte. Das werde ich bestimmt eine Weile nicht wiederbekommen, so wie er guckt. Und ob ich es überhaupt will, so wie er darauf herumbeißt und es vollsabbert, ist eine andere Frage.

»Schenk ich dir«, sage ich zu dem Vieh, in der Hoffnung, dass er nun frei ist. Wie bei *Harry Potter* eben, wenn man einem Hauself Kleidung schenkt.

»Und bemüh dich nicht, du schuldest mir nichts«, beeile ich mich klarzustellen. Nicht dass er auf die Idee kommt, mir dienen zu wollen.

Als wir aus dem Haus treten, bricht die Sonne durch die grauen Wolken und zaubert in der Ferne einen Regenbogen, der sich von der Küste bis zum Hügel erstreckt.

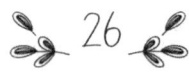

»Schau mal, wie wundervoll«, freut sich meine Tante. »Das macht Hoffnung auf schönes Wetter.«

Hoffnung. Hope.

Die Stille in mir wird ohrenbetäubend, als ich einmal mehr versuche, nicht an mein Pferd zu denken. Nicht an ihre Schönheit, nicht an die Verbundenheit mit ihr. Nicht an all die Momente, in denen ich dem Himmel so nahe war – mit ihr an meiner Seite. Ich möchte mir die Ohren zuhalten, treibe meine Schritte voran, folge Hillary und verstehe kein Wort, von dem, was sie erzählt. Wasser spritzt, als ich durch eine Pfütze laufe, die Blätter des krummen Baums auf dem Hof flüstern. Der Wind treibt trockenes Laub vor sich her und wir erreichen die neue Halle, das Domizil der Herde.

Sie ist geräumig und hell, links stehen Heulageballen und gepresste Späne. Auf der anderen Seite parkt ihr kleiner Traktor. Hillary steuert den hinteren Bereich des Offenstalls an und die ersten Ponys heben ihre Köpfe und wiehern zur Begrüßung. Es ist wirklich schön, dass alles dem Bedarf der Tiere angepasst ist und sie selbst entscheiden können, ob sie drinnen oder draußen sein wollen.

»Schau, Enola, Miss America und ihr Fohlen High Five sind da. Du weißt doch noch, Miss America ist die Tochter von Missy New York. Auf ihr hast du als Dreikäsehoch reiten gelernt«, hilft mir Tante Hillary auf die Sprünge und einen Moment lang pocht mein Herz ganz sacht gegen meine Rippen. Ich komme näher. Die kleine Palominostute steckt den Kopf durch das Gitter. Sie sieht

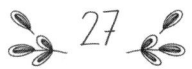

wirklich haargenau aus wie Missy und ich kann mich noch exakt an den ersten Galopp meines Lebens erinnern. Ich spüre ihn beinahe, doch das Freiheitsgefühl, die Euphorie, die ich an dem Tag fühlte, bleibt aus.

Vorsichtig strecke ich die Hand nach ihr aus, berühre ihre weiche Nase. Direkt zu ihren Füßen liegt ein wenige Tage altes gescheckten Fohlen und döst. Überall im Stall stehen Pferdemütter mit ihren Babys und erwachen so langsam zum Leben, als Hillary beginnt, frisches Heu an die Raufen zu schieben.

»Das waren noch Zeiten«, erzählt meine Tante. »Du bist wie der Wind mit Missy über die Koppeln geritten. Deine Mama wollte mich am liebsten erschießen, weil ich dich mit dem Ponyfieber infiziert hatte«, schwelgt sie weiter und mir wird nur zu bewusst, dass alles hier begann. Meine Liebe zu Pferden, der Entschluss ein eigenes zu kaufen. Es hatte ein ganzes Jahr gedauert, bis ich Hope fand und sie zu uns auf den nahen Reiterhof holte. Zunächst hatte Mama was dagegen, weil die Stute einen gehörigen Vollblutanteil im Blut hatte. Doch als sie Hope kennenlernte, war sie ebenso fasziniert wie ich. Die ersten Ritte waren noch hölzern, doch wir lernten schnell, unsere Signale zu verstehen.

Das kleine Fohlen versucht, auf die Beine zu kommen, fällt aber zurück in die Späne. Vorsichtig setze ich mich auf den Boden, warte, bis es steht und neugierig zu mir kommt. Es ist so winzig, nicht größer als ein Pudel. Doch bei Weitem nicht das kleinste

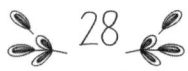

hier. Es ist ein großer Unterschied zwischen Shetlandpony und Minishetlandpony. Das schwarze Fohlen, ganz hinten links, kann man bestimmt locker auf den Arm nehmen. Sein Fell ist wie Kohle, fast so schwarz wie Hopes.

Ich kneife mir in die Nasenwurzel und frage mich: Wenn das halbe Leben aus Erinnerungen besteht, kann man sie überhaupt unterdrücken? Wenn man sie nicht zulassen will. Nicht fühlen will.

»Hilfst du mir mal?«, höre ich Hillary nach mir rufen und ich reagiere. Sie ächzt unter einem Eimer mit Kraftfutter und wir verteilen den Inhalt gemeinsam in der länglichen Futterschale. Nun ist kein Halten mehr, im Galopp kommt die restliche Herde von der Weide, die Stuten mit Fohlen aufgereiht wie Perlen auf einer Schnur, um an der Fütterung teilzunehmen. Für alle ist Platz und bald ist der Stall erfüllt vom gleichmäßigen Kauen der Ponys. Ein Geräusch, das mir gefehlt hat. Und das ich eigentlich nicht mehr hören wollte.

Ich schlucke trocken. Vielleicht hasse ich es, hier zu sein. Vielleicht aber auch nicht. Was weiß ich schon?

# Unglück über Unglück

Natürlich habe ich es nicht lange bei den Ponys ausgehalten und bin ins Haus geflüchtet. Zu allem Überfluss musste ich auch wirklich aufs Klo und kam da eine ganze Stunde vor lauter Bauchkrämpfen nicht mehr runter. Es ist nur die Frage, ob es am scharfen Ei lag oder am vertrauten Pferdegeruch, der mich aufgewühlt hat.

Tante Hillary war wirklich geduldig mit mir, das muss ich zugeben. Sie hat mir eine Wärmflasche und Tee aufs kleine Dachzimmer gebracht und mir den alten Kassettenrekorder von Mama hingestellt. Nun leiert ein Hörspiel von den *Fünf Freunden* zum dritten Mal vor sich hin und wird immer mal wieder vom Pfeifen des Windes, der ums Haus tobt, übertönt.

Ich stopfe Hasi unter meinen Kopf, drehe mich auf die Seite und schlafe ein.

Es ist wie so oft. Nicht lange und ich beginne zu träumen, befinde mich in den Tiefen eines Waldes. Er ist jedes Mal anders. Manchmal dicht bewachsen, ein anderes Mal kahl und licht. Manchmal endet der Waldweg auf einer friedlichen Wiese mit einem Blütenmeer von Butterblumen. Meistens nicht. In diesem Traum leuchtet das Grün der Bäume in den schönsten Farben. Ich reite auf Hope, die Hände auf ihrem lackschwarzen Fell am Hals gelegt, und spüre ihren Bewegungen nach. Sie ist vollkommen entspannt, spitzt freudig die Ohren.

»Platz da, Spatz. Lass mich vorreiten«, sagt Madita zu mir und drängelt sich an uns vorbei. »Stella ist eh viel schneller als eure Gäule«, feixt sie und tippt sich an den Helm.

»Pass bloß auf, dass du vom Gegenwind keinen Schnupfen bekommst«, rate ich ihr und sie grinst breit.

»Wer ist denn hier die Primel unter den Blümchen, Enola?«, neckt sie mich, weil ich erst vor Kurzem mit Grippe flachlag.

»Meiner einer wird nie krank, du hingegen schon.«

Ich strecke ihr die Zunge raus und weiß, dass Hope die beiden innerhalb von Sekunden abhängen würde, wenn ich sie laufen lassen würde.

»Sarah, du kannst zuerst Stella filmen und dann nach hinten schwenken. Das wirkt dynamischer«, klugscheißt Madita, die extra den dicken Schweif ihrer weißen Reitponystute mit dem Silbershampoo ihrer Mutter gewaschen hat, damit er nur so glänzt.

»Wenn du meinst«, brummt Sarah, die ihrem kompakten Norweger-Wallach Nils die Fliegenhaube vor dem Gesicht noch einmal neu ausrichtet. Sie steht in ihren Steigbügeln, beugt sich weit über seinen Hals und das dicke Endmaßpony seufzt. Ich streiche Hope noch einmal über die geflochtene Mähne und lasse Sarah bald darauf an mir vorbeitraben, damit sie sich in Position bringen kann.

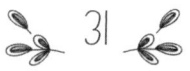

Sarah liebt es, Videos von unseren Ritten zu machen, mit Sound zu unterlegen und auf ihrem Account zu veröffentlichen. Und ehrlich, sie sind phänomenal und bekommen eine Masse Klicks.

»Ich bleibe hinten und benutze notfalls Nils als Bremse«, verkündet nun Kati auf Embla, die Vierte und Ängstlichste im Bunde. Ihre Islandstute ist nicht ohne, geht gerne mal durch, was wir jedes Mal mit einkalkulieren müssen.

»Boah, aber pass auf, dass Nils nicht wieder anfängt zu bocken wie ein Irrer. Er hasst es, wenn man ihm am Arsch klebt.« Ein vielsagender Blick geht an mich. Ich weiß, wie sehr es Sarah nervt, dass sie immer auf Kati aufpassen muss. Doch so ist das nun mal bei den vier Musketieren. Einer für alle, alle für einen. Vorsicht ist die Mutter der Teetassenfabrik.

»Wir können ja gerne mal tauschen«, meckert Kati und tätschelt ihre Fuchsstute, die jetzt schon aussieht, als hätte sie in eine Zitrone gebissen. Es ist schon witzig, was auf der Liste der Eigenschaften stand, als Katis Eltern ein Pferd für sie gesucht haben, und was dabei herauskam. Die gute Embla ist in der Halle ein wahrer Schatz, aber ein Teufel in freier Wildbahn.

»Niemals. Nils ist sehr eifersüchtig, musst du wissen«, antwortet Sarah. »Und ich hasse es zu tölten.«

Und das ist Emblas Lieblingsgangart.

»Also, jetzt oder Nils?«, frotzelt Sarah und die Zeit verlangsamt sich.

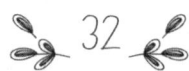

Träume sind eine seltsame Sache, finde ich. Sie sind im Grunde nichts anderes als Fragmente von Erinnerungen, zusammengesetzt aus Traumbildern, die Metaphern gleichen. Oder etwa nicht? Man steckt irgendwie in einem halluzinationsähnlichen Zustand fest, nur dass man die Chance hat aufzuwachen. Und wie jedes Mal an dieser Stelle will ich unbedingt wach werden. Unbedingt!

Der Gesang der Vögel verändert sich und wird schrill, bald ist es ein einziger Aufschrei, der die friedliche Stimmung kippt. Wir vier sind noch nicht mal gestartet, doch mein Unterbewusstsein weiß genau, was auf uns zurollt. Chaos. Und Gefahr.

Ich will aufschreien, allen verbieten, auf ihren Pferden loszupreschen. Doch wie immer, sehe ich ab hier alles von oben. Als wäre ich nicht ich, die dort auf Hope sitzt … als wäre ich nur eine Beobachterin des Schreckens.

»Auf die Plätze, fertig, los!«, ruft Sarah fröhlich. Madita drückt die Schenkel an Stellas Bauch und die weiße Stute galoppiert aus dem Stand an. Nils trabt wie ein Bekloppter, Sarah wird durchgerüttelt, während sie versucht, alles mit dem Handy mitzufilmen. Einige Atemzüge später reiten wir beide gleichauf. Hopes Ohrenspiel verrät, dass sie sich aufmerksam immer wieder nach mir erkundigt, darauf achtet, wie es mir geht und was ich von ihr will. Sie wartet, dass ich sie laufen lasse, und ich tue ihr den Gefallen.

»Let's fetz!«, hauche ich und gebe meiner Stute mehr Raum.

»Juhu!« Sarah lacht, hält ihr Handy in meine Richtung, dann nach vorne, wo Stella immer mehr Abstand gewinnt und sich in die Kurze legt. Ich spüre, wie Hope sich unter mir streckt. Embla rückt ihr auf die Pelle und meine Stute will schneller voran. Ich blicke über die Schulter, Kati zerrt an den Zügeln ihres Isländers und als ich wieder nach vorne schaue, passiert es. Die Wildschweinrotte taucht wie aus dem Nichts links von uns auf. Eine riesige Sau mit Jungtieren, die laut grunzend Unterholz niederwalzen.

»Oh Gott, Scheiße!«, kreischt Sarah, als Nils sich erschrickt und zur Seite hüpft. Der dicke Wallach gibt plötzlich so richtig Gas und ich versuche, Hope durchzuparieren, ohne Erfolg. Die Schweine beginnen zu quieken, rennen neben uns her und Hopes Bewegungen explodieren unter mir.

»Hope, brrrr«, höre ich mich selbst rufen. »Beruhig dich!« Meine Stimme kippt ins Panische, als sie mir durchgeht. Ich verliere die Kontrolle, rutsche aus dem rechten Steigbügel. Unwillkürlich klammere ich mich mit meinem Schenkel fest, was Hope noch mehr vorwärtstreibt. Wir fliegen an Stella vorbei. Weniger als zwei Sekunden dauert es und wir lassen sie hinter uns. »Hoooola!« Der Versuch, sich tief in den Sattel zu setzen, scheitert, als sie über einen deplatzierten Ast auf dem Weg springt.

»Enola, halt sie an!« Sarahs Warnung verfliegt mit dem Wind, der mir den Atem nimmt, und Hope donnert über den Waldboden.

»Hope, bitte.«

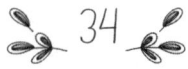

Der Wald verschwimmt zu einem Meer aus Grau, Braun und Grün, unwirklich und dunkel. Mein Herz setzt aus, als sich die Hauptstraße vor mir auftut, der Verkehr sich zeigt und immer näher kommt.

Und dann falle ich von Hope.

Mit einem schnellen Herzschlag fahre ich hoch. Die Wärmflasche rutscht vom Bett, fällt zu Boden und ich brauche einen Moment, um mich zu orientieren.

Die Gardinen vor dem Fenster sind nur halb zugezogen und ich kann die Regentropfen auf dem Glas sehen, wie sie wie Tränen hinabrinnen. Die Sonne ist längst untergegangen, ein Blick auf mein Handy verrät mir, dass Mitternacht vorbei ist. Geräuschvoll lasse ich mich zurück aufs Kissen fallen.

Eine ganze Weile liege ich nur da, lausche auf meinen Atem in der Stille und versuche, die Bilder in meinem Kopf loszuwerden. Es will mir nicht so recht gelingen, also nehme ich mein Handy und öffne WhatsApp. Lese eine Nachricht von Sarah, die vor etwa vier Stunden eingegangen ist.

*Hey, wie geht's dir? Bist du gut gelandet? Hier ist Holland in Not. Nein, Spaß, Kati ist in Not. Sie hat schon wieder Ärger mit einem Penisträger. :D Und nun denkt sie, sie ist verflucht, weil sie mit Jungs kein Glück hat.*

Ich zögere, meine Finger schweben über dem Textfeld.

Der Wind rüttelt nun wütend am Fenster. Vielleicht findet er diese Art Problem genauso trivial wie ich. Wer braucht schon Jungs? Ich muss mein ganzes Leben umkrempeln. Ich wollte Profireiterin werden, hatte schon eine Ausbildungsstelle als Pferdewirtin in Aussicht, und jetzt? Was soll ich jetzt werden, mit einem völlig zerstörten Bein?

Ich schlucke, angle nach der Wärmflasche und drücke sie wieder an den Bauch. Sie ist zwar nur noch lauwarm, aber besser als nichts.

*In Schottland regnet es. Bin trotzdem gut gelandet, liebe Grüße an Kati.*

Alles wird gut, irgendwann.

Das sagt meine Mutter mir ständig, also gebe ich es gerne weiter. Apropos Mama. Sie hat mir auch geschrieben.

*Hab dich lieb, mein Böhnchen.*

Lange habe ich versucht, ihr abzugewöhnen, mich so zu nennen, aber seitdem ich weiß, dass meine Oma sie Fürzchen nannte, find ich es nicht mehr so tragisch.

Ich schicke ihr ein Herz und mache das Handy aus.

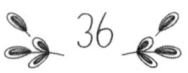

Ein Geräusch lässt mich zusammenzucken. Die Zimmertür scheppert, die Klinke bewegt sich und plötzlich schwingt die Tür gespenstisch langsam auf.

»What the fuck?«, flüstere ich und richte mich vorsichtig auf, weil mir klar wird, dass es nicht meine Tante ist, die mich besuchen will. Kurz frage ich mich, ob es im Cottage einen Geist geben könnte. Immerhin ist es sehr alt und viele meiner Vorfahren sind hier verstorben. Meine Oma zum Beispiel.

»Das kann ja wohl nicht wahr sein …« An der Klinke hängt Dobby. Als die Tür halb in den Raum geschwungen ist, springt er zu Boden und stolziert zum Bett. Ich wette, ich hätte ihm das Haarband nicht schenken sollen.

»Zieh Leine«, sage ich zum Kater und er blinzelt. Seine Augen funkeln unheimlich im Halbdunkel der Nacht und ich knipse die Tischlampe an.

»Geh weg«, rufe ich diesmal bittender und balle die Hände zu Fäusten. Der Kater setzt sich, zuckt unruhig mit dem Schwanz und beobachtet mich.

Vorsichtig schwinge ich die Beine aus dem Bett, gehe bedrohlich auf ihn zu, was zur Folge hat, dass er mit der Tatze nach meinem großen Zeh schlägt. Ich weiche zurück, mein Knie ziept und ich falle rücklings wieder aufs Bett.

»Na gut, dann bleib halt hier sitzen«, brumme ich und überlege, was ich tun könnte, um ihn loszuwerden. Was mögen Katzen denn

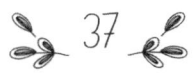

so gar nicht? *Fünf Freunde* vom Kassettenrekorder scheinen nicht zu stören, stelle ich schnell fest.

Ganze zehn Minuten vergehen, in denen ich bemüht bin, nicht in die Richtung des Katers zu gucken. Ich betrachte lieber die vielen Fotos von Shetlandponys und Bilder von Urkunden und Stammbäumen an den Wänden. Irgendwann erhebt sich Dobby und springt aufs Regal, in dem meine leere Teetasse steht.

»Was soll das werden?« Kann es sein, dass er mich aus irgendeinem Grund ernsthaft ärgern will? Denn das Viech beginnt, die Tasse mit der Pfote zu schieben. Immer mehr an den Rand des Regals heran.

»Hör auf mit dem Mist«, sage ich und hebe drohend den Zeigefinger. Ganz kurz hält er inne, legt den Kopf schief und schubst die Blümchentasse dann weiter. Millimeter für Millimeter.

»Wenn du das machst …«, warne ich und verenge die Augen zu Schlitzen. Wieder hält er kurz inne und dann …

Ich schnelle vor, ein schriller Schmerz zuckt durch mein Bein, aber immerhin fange ich die Tasse im Flug. Leider stütze ich mich daraufhin am Regal so blöde ab, dass ein Brett herausbricht und mir ein Ladung Bücher entgegenpoltert. Dobby bringt sich in Sicherheit, Katze müsste man sein. Ein Buch trifft die noch recht frische Narbe an meinem Bein und ich unterdrücke einen Aufschrei.

Nun sitzt Dobby auf meinem Bett und miaut höhnisch.

»Du blöder Arsch.«

Na gut, es kann sein, dass ich mir seinen Hohn nur einbilde, aber wer weiß schon, was eine Katze so denkt?

Ungelenk mühe ich mich mit dem Brett ab, schiebe es wieder in die Halterung, doch es will nicht so recht passen. Dabei fällt mir eine kleine Schachtel auf, von der ein zerbeulter Deckel gerutscht ist. Ich schiebe ihn mit dem Finger weiter zur Seite und linse hinein.

In ihm liegt ein Buch. Ein blaues Lederband ist mehrfach um den Einband gelegt. Eine kleine rote Rose aus Glas liegt daneben.

Ich ziehe das blöde Brett erst mal wieder aus dem Regal und lehne es an die Wand, nehme die Schachtel mit zum Bett und setze mich in sicherem Abstand zu Dobby hin.

»Was haben wir denn hier?«, frage ich mehr mich selbst und der Kater antwortet mit einem abgehackten Laut.

Das Buch ist eher ein Heft, total zerknittert und dreckig, und ein Name steht oben links auf dem Einband: Georgie.

Ich wiege die Rose in meiner Hand, sie ist kühl und so fein, dass ich Angst habe, sie zu zerbrechen. Deshalb wickle ich sie in ein Taschentuch und lege sie zu meinem Handy auf den Nachttisch. Dann schlage ich das Buch auf und beginne, die Handschrift zu entziffern.

Ich weiß nicht, ob diese Zeilen jemals jemand lesen wird. Ob Lucky, mein treuer Freund hier unter Tage, und ich dieses Unglück überleben und rechtzeitig gefunden werden. Wir sind

verschüttet. Etwa einhundert Meter unter der Erde, in dem neuen Abschnitt der Lady-Grace, bei den Stallungen.

Ich kann nur vermuten, was geschehen ist. Der gewaltige Knall, der dafür sorgte, dass hier alles einstürzte, muss eine Kohlenstaubexplosion gewesen sein. Jeder wusste um diese Gefahr hier unten in den Gruben. Doch man vermied es, darüber zu sprechen, weil die Angst kein guter Begleiter ist bei einer Arbeit wie dieser. Doch jetzt weiß ich, wie sie sich anfühlt. Die Angst.

Vielleicht war es mein Glück, dass ich kurz vor Schichtende gerade Pit-Pony Nummer sieben, meinen Lucky, zurück zu den Stallungen bringen wollte, als es zur Explosion kam. Die Druckwelle fegte Staub und Kohlebrocken durch den schmalen Gang, ich konnte Lucky und mich gerade noch rechtzeitig um die nächste Biegung bringen, bevor es finster und heiß wurde. Doch der erste Schreck war nichts im Vergleich zu dem, was folgte. Die Schreie der anderen, die gedämpft zu uns drangen. Und die Erkenntnis, dass wir von allen anderen und der Freiheit abgeschnitten waren. Alleine. Weder in der Lage zu helfen noch an die Oberfläche zu gelangen.

Wenn Lucky nicht gewesen wäre, wer weiß, ob ich nicht sofort verrückt geworden wäre?

Der alte Wallach zitterte vor Anspannung und ich musste ihn festhalten, damit er nicht versuchte, in der Schwärze hier unten kopflos davonzurennen. Mit Sicherheit hätte er sich an den Weichen und Schienen die Beine gebrochen oder den Schädel irgendwo eingerannt. Also musste ich mich darauf konzentrieren, auf ihn aufzupassen.

Ich hängte mein ganzes Gewicht an ihn, hielt ihn bei mir im Schutze der Bretterbude, die sein Zuhause war, und sprach beruhigend auf ihn ein. Irgendwann, ich weiß nicht, wie viel Zeit verging, robbte ich auf dem Boden umher, tastete Stroh und Steinboden ab. Ich fand den Futtersack, die Wassertonne und einige Ersatzlampen. Und als das kleine Licht entflammte, konnte ich trotzdem keinen Meter weit blicken, so staubig war die Luft. »Hallo?«, rief ich und Lucky wieherte, als rufe er mit mir gemeinsam nach Hilfe.

Ich konnte irgendwo Schritte hören, Rufe, aber ich verstand die Worte nicht, die meine Leute brüllten. Es mussten Warnungen sein, Aufforderungen die Lady-Grace-Kohlemine zu verlassen. Mein Onkel hatte mich gewarnt, als ich entschied, seine Stellung als Schlepper und Pferdejunge zu übernehmen, als er nicht mehr konnte. Aber ich musste irgendwie meine kleinen Geschwister durchbringen. Mein Vater ist im Krieg geblieben und nun liegt es an mir und meiner Mutter, Geld einzubringen. Ich denke, für jemanden, der nie in eine Mine eingefahren war, ist die Beklemmung schwer vorstellbar. Mir ging es beim ersten Mal auch nicht gut damit. Dennoch stellt sich schnell eine gewisse Gewöhnung ein, wenn man Tag für Tag in der Dunkelheit arbeitet. Wie muss sich das für ein Pony anfühlen? Denn wenn sie einmal hinabgebracht wurden, sahen sie viele Jahre kein Tageslicht mehr.

»Lucky, bleib hier«, flüsterte ich meinem Pit-Pony zu, band den kleinen Schimmel fest und hängte mir die Lampe mit einem Drahtstück um den Hals. Vorsichtig tastete ich mich voran, immer den Blindschacht entlang zu den Schienen, auf denen Waggons geparkt waren. Geröll lag zersprengt umher und bald stand ich vor einer Wand aus Schutt, die mich vom Aufzug abschnitt.

»Hilfe! Ist da wer?«, begann ich zu brüllen und Verzweiflung ließ mich immer lauter werden. Ich merkte kaum, wie ich anfing zu heulen wie ein kleines Kind.

»Georgie?«, hörte ich plötzlich die Stimme meines Kumpels, der die dicken Kohlebrocken im Schacht rausgeschlagen hatte, um sie an mich und Lucky zu übergeben. Wir waren ein eingespieltes Team und verstanden uns prächtig. Ich lachte gerne über seine Witze, auch wenn ich sie nicht immer verstand.

»Charles, was ist denn nur passiert?« Ich wusste, es war eine dumme Frage.

»Gase oder so?«, antwortete es auf der anderen Seite und ich war so unfassbar froh, nicht alleine zu sein.

»Geht es dir gut?«, musste ich wissen.

Ein Stöhnen. Es dauerte, bis er antwortete. »Bin verschüttet, meine Beine, ich kann mich nicht rühren.«

Ich kroch den schwarzen Schuttberg etwas hinauf, versuchte,
lose Brocken zu bewegen, was mir kaum gelingen wollte. Ich
rutschte immer wieder ab, meine Finger rissen auf, weil ich keine
Handschuhe trug.

»Halte durch, ich komm zu dir. Irgendwie.«

»Nein, bring dich raus hier«, antwortete Charles und ich lachte
heiser auf.

»Wenn ich hier durchkomm, dann gehen wir gemeinsam. Ist der
Aufzug noch heil?«

»Kein Strom«, gab er zurück. »Und ich weiß nicht, ob es ihn
zerlegt hat.«

»Jemand wird kommen, um uns zu holen«, vermutete ich und
wiederholte es, um mir Mut zu geben.

»Nimm den Umweg über den alten Schacht«, erinnerte Charles
mich an die Verzweigungen der Lady-Grace-Mine. Allerdings war
die Gefahr groß, dass giftige Gase mir den Garaus machten. Lucky
und ich hatten keine Gasmasken, um uns zu schützen. Außerdem
passte Lucky nicht durch den schmalen Verbindungsgang.

»Und du? Was geschieht mit dir?«, fragte ich Charles.

»Ich komm schon raus«, meinte er tapfer und ein erneutes
Grollen ließ die Erde erbeben.


Ich lasse das Büchlein sinken und blicke Dobby an. Der pausiert
mit seiner Fellpflege und maunzt fragend.

»Das ist ja schrecklich«, flüstere ich und der Kater antwortet. Mir ist, als könne ich das Grollen unter Tage tief in mir spüren. Genau wie die Finsternis, die Georgie und sein Pony umgab. Ich bin noch vollends damit beschäftigt, überhaupt gleichmäßig atmen zu können, da bemerke ich, dass der Kater ganz nahe zu mir herangekommen ist.

»Ich kann mir sehr gut vorstellen, wie der Junge sich gefühlt haben muss«, flüstere ich ihm zu.

Vorsichtig strecke ich meine schweißnasse Hand nach seinem Fell aus und lasse die Finger über seinen Rücken tanzen.

Dobby fusselt. Sofort habe ich überall Katzenhaare kleben, dennoch streichle ich einfach weiter. Und dem Kater scheint es zu gefallen.

»Ich weiß, wie es ist, wenn alles schwarz ist«, erzähle ich weiter und Dobby blinzelt. Sein gleichmäßiges Schnurren beruhigt mich.

»Und das Schlimme ist, ich weiß auch nicht, wie ich aus meiner Dunkelheit herauskommen soll.« Ich schaue zum Fenster. Der Regen hat aufgehört. Ein sichelförmiger Mond hat sich durch die Wolken geschoben und erinnert mich an das Grinsen der Katze aus dem Wunderland.

Und während ich so dasitze und Dobby streichle, werde ich plötzlich wieder unendlich müde und falle in einen traumlosen Schlaf.

# Heiter bis wolkig

Am nächsten Morgen erwache ich alleine in meinem Zimmer. Nur fusselige Katzenhaare zeugen von dem Besuch, den ich hatte. Es ist noch früh, dennoch höre ich reges Treiben von unten. Hillary klappert mit Töpfen und ich beeile mich hinunterzukommen. Leider falle ich fast die letzten Stufen hinab, weil das dumme Bein nicht macht, was ich will.

»Eile mit Weile, my Dear«, zwitschert meine Tante wie ein fröhlicher früher Vogel. »Ich hoffe, du hast gut geschlafen?« Ihre Haare stehen in einem unordentlichen Dutt vom Kopf ab und sie trägt einen lockeren Trainingsanzug. Natürlich kariert.

Ich antworte mit einer Halbwahrheit, wiege das Kleid in meiner Hand und wickle die Zahnbürste darin ein.

»Ja, wie ein Stein.«

Ich ertappe mich dabei, wie ich nach Dobby suche, doch der Kater scheint nicht da zu sein.

»Ich muss erst raus, die Ponys versorgen. Kommst du mit?«

Der Frühstückstisch ist schon gedeckt, die Kaffeemaschine befüllt und die Zutaten fürs Porridge stehen bereit.

»Ich weiß nicht«, sage ich, bemerke das Sträuben in mir.

»Ach, komm schon. Einfach machen, nicht so viel denken«,

findet meine Tante und ich zucke beinahe unter den Worten zusammen. Beim nächsten Atemzug ist sie bei mir, hakt sich bei mir ein und führt mich ins kleine Bad. »Das Leben ist wie eine Party, Enola. Auch wenn man denkt, man kann nicht tanzen, ist blöd rumsitzen die schlechtere Option.«

Gut. Ich verstehe nicht ganz, was sie meint, stimme ihr aber vorsichtshalber mit einem sachten Nicken zu, während sie mir ein Handtuch aus dem Schrank wühlt und es mir hinlegt.

»Schnell in die Klamotten und dann gehen wir frische Luft schnappen.«

Kurz darauf stellt sie mir die Gummistiefel vor die Füße, stützt mich, als ich das Gleichgewicht nicht halten kann, und plaudert übers Wetter.

»Heute ist ein Sonnentag, das spür ich in den Knochen«, meint sie.

»Hast du keine WetterApp?«, frage ich und sie winkt ab.

»Ach, Unsinn. Die sind ungenau, glaub mir.«

Ich kann mich allerdings noch gut an Hillarys Wetterfroschqualitäten erinnern. Einen Sommer schickte sie uns mit Badesachen in den Regen, da sie meinte, es würden dreißig Grad werden.

Ich folge meiner Tante hinaus. Heute steuert sie zuerst auf den alten Stall am Haus zu, in dem nur zwei Ponys untergebracht sind. Tinystar und Pitty, der Wallach, von dem sie mir bereits erzählt hat. Noch ehe meine Tante das große blaue Tor richtig geöffnet hat und

wir eintreten, sehe ich das Chaos. Besen und Heugabeln liegen angenagt kreuz und quer über dem Boden. Heu ist auseinandergetreten und die Stallgasse vollgeäppelt. Eine Boxtür steht sperrangelweit offen.

»Shit!« Hillarys Lächeln wirkt plötzlich verkrampft und schon begrüßt uns ein frei laufendes weißes Pony mit einem leisen Wiehern. Pitty. Er sieht so vergnügt dabei aus, dass es schwerfällt, ihm böse zu sein.

»Pitty, du Nervensäge. Wie hast du das denn wieder geschafft?«, wundert sich Hillary und kratzt sich am Kopf, während das Pony einen leeren Futtersack mit den Zähnen hochhebt und vor sich herträgt, als wolle er dezent darauf hinweisen, dass es Zeit für Nachschub sei. Wenn ich ihn so betrachte, sieht er den trächtigen Stuten rein vom Umfang her sehr ähnlich. Was bedeutet, er hat beachtliches Übergewicht.

»Gib das her«, fordert Hillary und zupft Pitty den leeren Jutesack aus dem Maul. Er schnuppert und bemerkt, dass meine Tante Kekse in der Tasche hat. Sofort scharrt er dreimal mit dem Huf und sie belohnt das dicke Ding auch noch.

Mein Mundwinkel zuckt. Tinystar in der anderen Box macht es nach und bekommt auch einen mit ganz viel Liebe zugesteckt. Ich schaue mir den Schieberiegel der Box genauer an. Er ist natürlich von außen angebracht und für ein Pony von Pittys Größe eigentlich unmöglich zu erreichen. Sehr mysteriös, der Ausbruch.

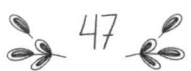

»Komm her, du Gauner«, schimpft meine Tante und Pitty scheint nicht im Geringsten schuldbewusst. Ganz im Gegenteil, er sieht beinahe stolz aus, trägt den dicken Kopf hocherhoben und zieht die Oberlippe hoch, als lache er uns aus.

Ich beginne aufzuräumen, während Hillary versucht, Pitty in die Box zu bekommen. Der denkt nicht daran, sich erneut einsperren zu lassen, und entkommt durch das halb offene Tor nach draußen. Als ich erschrocken hinterherwill, hält meine Tante mich zurück.

»Lass nur, der haut nicht ab. Er dreht jetzt seine Runde, sagt allen ›Guten Tag‹ und kommt irgendwann wieder.«

»Ernsthaft?«, wundere ich mich und hoffe, meine Tante ist gut versichert. Zwar sind die Hauptstraßen weit weg, aber man weiß ja nie.

»Sehe ich aus, als wäre mir zum Scherzen zumute?«, fragt sie und hebt vielsagend die Augenbrauen, während sie auf ein kaputtes Regal vor der Wand zeigt. Zaumzeug liegt auf dem Boden, Putzkästen sind ausgeräumt. Ich schätze Pitty hat jede Bürste ausprobiert und dann versucht, sie zu fressen.

»Ich mach das«, biete ich an und gehe ungelenk in die Knie, besser gesagt, ich beuge nur das gesunde, mit dem anderen funktioniert es nicht sonderlich gut, und Hillary greift ein.

»Du kannst mir die Heuraufen von Tiny schon einmal vollmachen«, sagt sie und zieht mich wieder auf die Beine.

»Vielleicht hast du recht.«

»Ich habe immer recht, das ist ein Naturgesetz auf diesem Hof«, verkündet sie und drückt mir eine Heugabel in die Hand. Papa sagte mal, meine Tante sei ein Feldwebel und habe deshalb keinen Mann abbekommen. Ich finde, sie ist eine bemerkenswerte und unabhängige Frau. Und Papa ein Chauvinist.

Die wirklich kleine Stute freut sich sehr über ihre Futterration. Sie ist bestimmt nur sechzig Zentimeter hoch und hat dunkelbraunes Fell. Und sie ist verdammt schwanger.

»Tiny ist bald überfällig. Ich hoffe, es tut sich demnächst was«, erinnert mich Hillary an ihre Sorge um die Erstgebärende.

»Sind die Euter denn schon geschwollen?«, frage ich und linse unter ihren mächtigen Bauch. Die kleine Stute legt die Ohren an, giftet in meine Richtung, weil ich ihr zu nahe trete, und ich lasse sie lieber in Ruhe frühstücken.

Über uns sind zwei Kameras ausgerichtet, damit man von Hillarys Laptop im Büro immer einen Blick in die Box hat.

»Ja, schon. Aber noch nicht so, dass man denken könnte, es geht in den nächsten vierundzwanzig Stunden los.«

Ein Geräusch im Gebälk über mir lässt mich hochschauen. Der Kater balanciert von einem Balken zum anderen, trägt irgendwas in seinem Maul umher.

»Ach, guck mal einer an, wer da ist? Unser Mäusefänger«, freut sich Hillary und applaudiert. »Gut gemacht, du kleiner Killer.«

Ich finde den Anblick des Katers mit Beute alles andere als

hübsch. Darüber hinaus fällt mir plötzlich das Büchlein von gestern wieder ein. »Hillary, darf ich dich was fragen?«

Sie schließt einen der Putzkästen und stapelt ihn auf zwei andere.

»Frag mich, was du willst, wer nicht fragt, bleibt dumm.«

»Ich habe in meinem Zimmer im Regal eine Art Tagebuch gefunden. Von einem Georgie«, berichte ich und öffne die Futterkiste, in der Möhren und Äpfel liegen. Tiny bemerkt das sofort und schaut nun erwartungsfroh über die Boxtür. Sie ist so klein, dass sie gerade mal ihre Nase darüber bekommt, was zugegeben echt niedlich aussieht.

»Oh ja. Opa Georges Aufzeichnungen vom Minenunglück«, sagt Hillary angespannt. Ihr Blick huscht zu mir. »Vielleicht solltest du dich nicht mit so trüben Geschichten beschäftigen?« Sie zwinkert mit beiden Augen, wie Dobby es oft tut.

»Ich wusste gar nicht, dass Uropa verunglückt war«, sage ich und forsche in ihrem Gesicht.

»Oh doch. Und er hat nur knapp überlebt. Und das nicht zuletzt dank seinem Pit-Pony.«

»Lucky.«

»Ja, so hieß der kleine Wallach. Weißt du, es kann schon helfen, wenn man eine schreckliche Situation nicht ganz alleine durchstehen muss.« Ihr Blick ist warm, sie will mir vermutlich sagen, dass auch ich nicht allein bin. Doch mein Herz fühlt sich trotzdem verloren und irgendwie einsam an.

»Wusstest du, dass Opa George sein ganzes restliches Leben unermüdlich dafür gekämpft hat, die Regierung dazu zu bewegen, keine Ponys mehr in die Minen zu schicken?« Stolz blitzt in ihrem Gesicht auf.

»Nein, ich hatte keine Ahnung.«

»Nun, so war es. Und er leitete das erste Minenpony-Rehabilitationszentrum.«

Ich wusste nur, dass Uropa George der Begründer dieser Ponyzucht hier auf dem Cottage war. Das alles mit ihm und seiner Frau Mary begann, die seine Liebe zu den Ponys teilte.

»Das ist großartig«, finde ich und gebe Möhren an Tiny. Sie beißt mir fast in den Finger.

»Es muss grausig für die Tiere gewesen sein in der Dunkelheit. Nicht selten lebten Pit-Ponys zwanzig Jahre in den Gruben. Es sei denn, sie brachen sich vorher die Beine oder kamen an die Stromleitungen, die später überall an den Stollendecken verlegt wurden«, erzählt Hillary.

Ich schlucke trocken, tätschle Tinys Nase, als sie nach mehr verlangt.

»Wenn das geschah, gab es für die Arbeiter eine Woche lang Pferdegulasch.« Hillary räumt das Regal weiter ein und schließt die Tür zum Hühnerstall. »So war das damals. Es waren andere Zeiten, man musste sehen, wo man bleibt. Wie man die Lieben durchfüttert. Da war nicht allzu viel Platz für Tierliebe.«

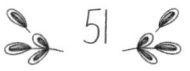

»Wie kam es denn eigentlich zu dem Unglück?«, hake ich nach und beginne Heu und Stroh zusammenzufegen.

Tante Hillary lacht hart auf. »Ja, wenn es nach den Verantwortlichen gegangen wäre, hat es sich um ein Naturereignis gehandelt, das die Sicherheitsvorkehrungen ausgeschaltet hat. Allerdings war hinreichend bekannt, dass dieses Unglück menschengemacht war. Die Sollmenge an Kohle schien wichtiger als die Unversehrtheit der Bergleute.« Hillary hält inne, schaut hinauf in die Deckenbalken, als hielten sie Erinnerungen ihres Opas für sie bereit. »George sagte, es war der Staub. Zu viel Staub, der sich entzündete. Es knallte zuerst im alten Teil der Mine, zum Glück wurde der neue Teil nicht so schwer getroffen, in dem sich George und Lucky befanden.«

»Es ist also nie ganz aufgeklärt worden, wie es zu der Katastrophe kam?«, überlege ich und mache einen Ausfallschritt, weil mein Knie schmerzt.

»Nein. Und die Lady-Grace wurde zunächst stillgelegt. Bis sie zwei Jahre später etwa bis 1956 wieder in Betrieb genommen wurde.«

Ich folge Hillarys Blick, Dobby springt auf einen anderen Balken und lässt plötzlich etwas fallen.

»Heilige Scheiße!« Unglücklicherweise komme ich nicht schnell genug weg und die Maus landet in dem von mir zusammengefegten Heuhaufen. Direkt vor meinen Füßen. Meine Augen weiten

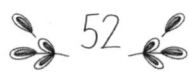

sich, als das kleine Ding sich bewegt und mich aus seinen Mäuseknopfaugen ansieht.

»Die lebt noch.«

Hillary seufzt und schnalzt missbilligend mit der Zunge.

»Wann macht der Kater endlich mal kurzen Prozess mit den Viechern?«

Die Maus guckt mich verwirrt an und rennt dann davon. Die Freiheit hinter dem Tor fest im Visier.

»Dobby, wir haben einen Deal. Ich füttere dich, du hältst den Stall ungezieferfrei.« Der Kater beeilt sich, aus dem Gebälk zu kommen. Ich hätte nicht gedacht, dass Katzen fliegen können. Doch er springt einfach los, landet mit einem winzigen Zwischenstopp im Regal vor Hillary und jagt mit einem wütenden Miauen der armen Maus nach.

»Was war das denn?«, wundere ich mich und bekomme meinen Ekel in den Griff. Keine Ahnung, warum, aber ich fürchte mich vor Mäusen. Als könnten sie mir ernsthaft etwas anhaben. Vermutlich habe ich zu viele Horrorfilme gesehen, in denen Nager eine Rolle spielten.

»Dobby hat sich in den Kopf gesetzt, mir beibringen zu wollen, Mäuse selbst zu erlegen. Ich schätze, er hält mich für nicht überlebensfähig, da ich das nicht kann. Also bringt er ständig sehr mobile Mäuse, die er vor meiner Nase laufen lässt. In der Erwartung, dass ich hinterlaufe.«

Hillary lacht. »Zugegeben, als er sie in der Küche losließ, hab ich das auch getan. Wer will schon solche Viecher zwischen den Lebensmitteln?«

So langsam beruhige ich mich und frage mich, welche Überraschungen der Kater noch bereithält.

Hillary erzählt mir so einiges über die Lady-Grace-Mine, die nicht weit vom Cottage entfernt liegt. Heute ist der Eingang unter Gestrüpp verborgen und die zugemauerten Bereiche sind mit Graffiti verziert. Die Vorstellung, dass ganz zu Anfang Shetlandponys an einer Art Lastenzug in den Schacht hinabgelassen wurden, ist grausig.

Wir füttern und tränken die Ponys in dem großen Offenstall, bevor wir zum Frühstücken gehen und vor der Haustür die nun verstorbene Maus finden. Säuberlich neben dem Blumenkübel platziert. Ein kleines grässliches Geschenk von Dobby.

# Es könnte stürmisch werden

Die nächsten zwei Tage vergehen wie im Fluge. Ich habe lange nicht mehr so viel Mist geschaufelt und den Besen geschwungen. Mir kommt der Verdacht, dass Hillary eine Strategie verfolgt, um mich von trüben Gedanken abzulenken. Ganz nach dem Motto, wer abends erschöpft ins Bett fällt, hat keine Kraft für Albträume.

Netter Versuch. Das dachten sich zumindest meine Angstträume und ließen mich trotzdem jede Nacht schweißgebadet aufwachen.

Dobby hat es sich zur Angewohnheit gemacht, bei mir zu nächtigen. Vielleicht wollte er mir beistehen, auf seine Weise. Oder er liebt es, wenn jemand leidet. Das könnte seine perfide Vorliebe erklären, mit seinem Futter stundenlang zu spielen, bevor er es verspeist.

»Und es ist wirklich okay für dich, Enola?«, fragt mich meine Tante zum dritten Mal. Sie muss Erledigungen machen und hadert damit, mich alleine auf dem Cottage zu lassen.

»Ich bin keine fünf mehr, natürlich komme ich klar«, antworte ich fast ein bisschen genervt. Hillary behandelt mich wie ein rohes Ei und beobachtet mich mit Argusaugen. Was langsam, aber sicher anstrengender wird als die Vorsicht, mit der mich alle zu Hause behandelt haben. »Außerdem habe ich ja auch noch Dobby«, schiebe

ich versöhnlich nach, weil Hillary ihre Lippen schürzt und den Autoschlüssel unentschlossen in der Hand wiegt. Der Kater hebt müde seinen Kopf und rollt sich dann auf seinem Lieblingsplatz, dem alten Ledersessel vor dem Kamin, wieder zusammen.

»Du könntest auch einfach mitfahren«, schlägt sie noch einmal vor. Doch ich habe gar keine Lust auf den Weiberhaufen der Landfrauen, bei denen sie Bestellungen abholt.

»Nun denn, so sei es«, gibt sie sich geschlagen und wirft sich die Jacke über. »Und denk dran, dass Bob noch vorbeischaut. Er bringt Eier von seinen Hühnern und andere Vorräte mit. Ich will am Wochenende groß kochen und backen.«

»Ja, ich bin ja hier. Muss ich ihm was bezahlen?«

»Nein, ist bereits erledigt.« Endlich geht sie hinaus, steigt in den alten Jeep und fährt davon. Ich wasche Geschirr ab und stelle es ins Abtropfgestell. Dann zerre ich den Staubsauger aus der Abstellkammer und mache Musik an. Die Rolling Stones begleiten den Putzwahn mit dem Song »Paint It Black«. Ich summe die Melodie, höre mir den Text an.

*I look inside myself*

*And see my heart is black*

Dobby schaut mir gelangweilt zu. Dann setze ich mich an den Tisch, drehe nachdenklich das Tagebuch von George in den Händen. Bevor ich es aufschlagen kann, piepst mein Handy. Eine WhatsApp von Sarah.

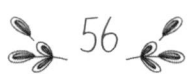

*Wie sieht es aus in Schottland? Schon ein Highland-Rindvieh ge-küsst? Nein, im Ernst. Gibt's dort süße Jungs, wo du jetzt bist?*, will sie wissen und schickt ein Smiley mit Herzaugen.

Ich tippe. *Ich bin hier irgendwo im Nirgendwo. Wie läuft es mit deinem Daniel?*, frage ich nach ihrem zumeist recht aufregenden Liebesleben.

*Er ist sooo romantisch. Stell dir vor, er hat mir ein kleines Holzpferd geschnitzt.*

Ein Foto beweist die künstlerische Ader ihres Angebeteten. Wirklich hübsch, wenn man Esel mag. Denn die Ohren sind viel zu groß und der Schweif zu dünn. Vielleicht soll es auch ein Zebra sein, aber die Geste zählt. Und die ist wirklich sehr süß.

*Das ist echt sweet, er hat dich sehr gerne.* Ich schicke ein Herz und habe ein schlechtes Gewissen, weil ihr Liebesleben mich einfach nicht interessieren will. Und das ist gemein und undankbar. Denn sie ist meine Freundin und es sollte mich alles interessieren, was bei ihr so los ist.

Mein Kiefer zuckt, als eine Erinnerung durch meinen Kopf poltert. Der Moment, kurz bevor wir damals losritten. Sarah beugte sich zu mir rüber und flüsterte mir ins Ohr.

»Ich bin so froh, dass ich mit dir über alles reden kann, Enola. Du bist wie mein persönlicher Kummerkasten, du bist immer für mich da.« Ihre Stimme war sanft.

»Rechnung kommt«, scherzte ich und sie küsste meine Wange,

bevor sie den dicken Nils hinter sich herzerrte, um ihn vor dem Zaun zu positionieren. Der Wallach hatte die Angewohnheit, nicht abzuwarten, bis meine Freundin im Sattel war, und der Zaun hielt ihn für einen Moment an Ort und Stelle, wenn sie aufstieg.

Das Klingeln an der Haustür holt mich zurück und ich öffne.

»Palim-palim, der Eiermann ist da«, begrüßt mich der alte Bob schwer atmend und drückt mir eine große Schachtel in den Arm.

»Vorsicht, zerbrechlich.« Er grinst. »Du bist aber ganz schön gewachsen, Kleines«, stellt er nun fest und nimmt sich die Mütze vom Glatzkopf, nur um sie gleich wieder aufzusetzen.

»Das passiert, wenn man älter wird«, antworte ich freundlich und humple zurück in die Küche. Ungelenk stelle ich die Pappschachtel mit zwanzig Eiern ab.

»Na, das sag mal nicht. Ich bin die letzten Jahre nur geschrumpft.« Er lacht keckernd und mustert mich eingehend. »Man kommt nackt auf die Welt, trägt Windeln, bekommt Zähne, verliert sie wieder, bekommt wieder 'ne Windel verpasst und geht nackt von dieser Welt.« Dann beugt er sich etwas vor und flüstert. »Und sehr hübsch biste geworden. Siehst aus wie deine Mama.«

Die leichte Röte, die in meine Wangen steigt, kann ich fühlen. »D-danke«, stammle ich verlegen, Bob grinst breit.

»Nun. Hillary ist nicht zu Hause?« Wie früher tippt er mir auf die Nasenspitze und verschränkt dann die Arme vor der Brust.

»Sie macht Besorgungen, ich sollte die Lieferung von dir annehmen«, kläre ich ihn auf.

»Na dann, ich hab da noch das Hähnchen«, meint er und schlendert zum Transporter. »Muss alles heute ein bisschen schneller gehen.« Ich folge ihm, überlege, ob man das wohl in die Tiefkühltruhe oder nur in den Kühlschrank legt.

»Will zu Hause sein, bevor die Batterie vom Herzschrittmacher leer is.«

Ich ziehe die Brauen zusammen.

»Nur ein kleiner Scherz«, sagt er.

Die Ponys auf der Weide sind bis zum Zaun gekommen und schauen neugierig zu uns herüber. Bis auf Pitty, der hat es schon wieder irgendwie rausgeschafft und trabt zu uns herüber.

»Hahaha, da ist er ja, der kleine Houdini«, freut sich Bob und wuschelt Pittys Mähne. Der kleine Wallach genießt die Aufmerksamkeit ungefähr so lange, bis Bob ihm an die Füße will. »Der kann eine Maniküre gebrauchen«, findet der Hufschmied und Eierverkäufer und kneift die Augen zusammen.

»Das letzte Mal, als ich hier war, hat er sich verstreckt.«

»Wirklich?«, frage ich ungläubig und bekomme ein trockenes Lachen als Antwort.

»Ich schick gleich mal meine Azubi vorbei.« Das hört sich für Pitty anscheinend wie eine Drohung an und er trollt sich.

»Machst du das nicht selber?«, wundere ich mich.

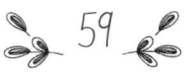

»Heute nicht. Ich muss tatsächlich auf meinen Rücken und meine Pumpe achtgeben, weshalb ich für Hufschmiednachwuchs sorge. Und sattle außerdem auf den Eier- und Hühnerhandel um«, erzählt er fröhlich. »Es war die Idee von meiner lieben Claire. Sie hat mir prophezeit, dass ich einmal eine Henne haben werde, die goldene Eier legt.«

Sein Lächeln vertieft sich. Er sieht richtig verliebt aus, der gute Bob. »Wie gesagt, ich schick gleich jemanden zum Ausschneiden und Raspeln vorbei.«

»Aber Tante Hillary kommt erst gegen Abend zurück«, entgegne ich und runzle die Stirn.

»Das macht nichts, meine Azubi kennt sich aus. Am besten du bringst Pitty schon mal in die Box, damit man ihn nicht stundenlang suchen muss«, rät er und geht zur Heckklappe seines Transporters. Ich überlege noch, wie ich Bob beibringen kann, dass ich mich auf eine Zeit ganz alleine gefreut hatte, da kommt er auch schon wieder und drückt mir einen kleinen lebendigen Hahn in den Arm.

»Gut festhalten«, sagt er und deutet hinüber zum Stallgebäude. »Soweit ich weiß, soll der dort hinein.« Das fast noch Küken bekommt gerade erst sein richtiges Gefieder und guckt mich genauso erschrocken an wie ich es.

»Ach wirklich?«

»Ja, in das alte Hühnergehege. Die Hühner dazu liefere ich nach.« Bob amüsiert sich köstlich über meine Unbeholfenheit, denkt aber

nicht daran, mir zu helfen. So ein Schuft. Ich hatte ihn zuvorkommender in Erinnerung. Dobby, der sich zu uns auf den Hof gesellt hat, sieht schon hilfsbereiter aus. Er guckt mit großen Augen zu uns herauf und leckt sich die Lippen.

»Na gut«, würge ich hervor und Bob steigt wieder in den Transporter.

»Dann mach's mal gut, Enola. Grüß mir die Hillary.« Und weg ist er.

Ich eiere vorsichtig mit dem jungen Gockel auf dem Arm zum Stall. Gut, dass das Tor offen steht. Tiny staunt nicht schlecht über den neuen Mitbewohner. Zum Glück hat das Gehege einen guten Maschendraht, den ich gewissenhaft schließe. Dobbys Enttäuschung darüber ist natürlich groß.

Ganz selbstverständlich ist uns Pitty in den Stall gefolgt, beschnuppert Tiny, die daraufhin quietscht und gegen die Boxtür schlägt. So eine Diva.

»Lass sie lieber in Ruhe, man soll hochschwangere Ladys nicht ärgern.« Ich versuche, an sein Halfter zu kommen, um ihn von Tiny wegzuziehen, da wendet er blitzschnell und steckt seinen dicken Kopf ins Regal.

»Du sollst nicht alles auseinandernehmen«, schimpfe ich und will rechts an ihm vorbei. Das gewitzte Pony dreht mir den dicken Ponyhintern zu und deutet ein Bocken an. So ein Mistkerl! Ich versuche es links und er spielt dasselbe Spiel. Erst nachdem ich

bewaffnet mit Keksen im Stall stehe, scharrt er dreimal mit dem Huf und ich stecke ihm einen Keks ins Maul. Mit Kauen beschäftigt, lässt er sich in die Box führen.

»So, Houdini. Du bleibst jetzt brav hier drinnen«, rate ich ihm, schiebe den Riegel zu und platziere gleich noch eine Schubkarre vor der Tür. So weit, so gut.

Ich will gerade hinausgehen, da klappert es gehörig hinter mir und das Pony hängt mit beiden Vorderbeinen über der Tür und angelt mit der Nase nach dem Riegel. Die Frage, wie um Himmels willen er dort überhaupt herankam, hat sich also gerade erübrigt. Geschickt spielt er daran herum, schiebt ihn Zentimeter um Zentimeter auf. Tiny, die neben ihm steht, wundert sich genauso wie ich.

»Vergiss es. Du bleibst da drin«, murre ich und klopfe ihm auf die Beine. Er zögert, scheint zu überlegen, ob er eventuell einfach über die Tür und mir in den Arm springen könnte.

»Zurück!«, werde ich lauter und er gehorcht endlich. Allerdings macht er bald darauf so einen Radau, dass ich beschließe, ihm am Strick mit auf die Wiese zu nehmen. Nicht dass er die arme hochschwangere und zartbesaitete Tiny aufregt und die Geburt losgeht. Dann kann ich ganz alleine Hebamme spielen und dazu fühle ich mich wirklich nicht in der Lage.

»Du bist nicht gerade ein unraffiniertes kleines Kerlchen, was?«, sage ich zu Pitty, der unendlich langsam neben mir herschleicht. So nimmt der unebene Hof mit seinem Kopfsteinpflaster kein Ende.

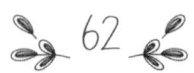

»Und jetzt machst du einen auf Rennschnecke, damit ich so genervt bin, dass ich dich wieder loslasse, stimmt's?« Ich wette, ich hab ihn durchschaut. Hope hat das auch immer so gemacht, wenn sie gemerkt hat, dass wir in die Reithalle wollen. Das stand auf ihrer Top Ten der schönen Dinge nämlich ziemlich weit unten.

Pitty spitzt die Ohren und schnaubt.

»Kannst du vergessen. Du wirst wohl oder übel deine Zeit mit mir verbringen, bis man dir die Füße gemacht hat.«

Mir fällt auf, dass er wirklich wunderschöne braune Augen hat und unglaublich lange weiße Wimpern. Er ist irgendwie richtig hübsch für seine siebzehn Jahre, die er auf dem Buckel hat.

Ich halte auf die Wiese zu, auf der zurzeit keine Ponys stehen. Direkt in der Mitte steht ein riesiger Baum, der seine Äste hoch in den blauen Himmel hebt. Windspiele klimpern in ihm Lieder und ich setze mich in seinen Schatten.

Pitty grast, zupft immer mal wieder an dem Strick, um zu schauen, ob ich ihn noch festhalte. Die Luft ist frisch, aber nicht wirklich kalt und ich atme tief durch, schlage das kleine Buch auf, das ich immer bei mir trage, und lese:

Ich muss ohnmächtig geworden sein. Etwas hatte mich am Kopf getroffen und die Lampe war mir aus der Hand gefallen. Sie lag vor dem Trümmerfeld, aus dem ich versucht hatte, Brocken zu bewegen. Die Luft war schlecht, hing immer noch voller Staub

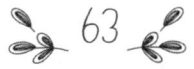

und Hitze. Wenn mein Unglück perfekt war, würde die gesamte Bewetterung nicht mehr funktionieren. Dann würde mir über kurz oder lang die Luft ausgehen.

Ich stöhnte, fühlte Blut, das mir über die Stirn in die Augen lief. Erst spät bemerkte ich, dass Lucky mir gefolgt war und mit seiner Nase immer wieder mein Bein stupste.

»Lucky, dir geht es gut«, atmete ich erleichtert auf und wurde gleichzeitig von Sorge erschüttert.

»Charles?«, rief ich nach meinem Kumpel. Doch es blieb still auf der anderen Seite. Nur mühsam kam ich auf die Beine, stützte mich auf Lucky. Die Lampe flackerte unruhig und ich bekam Angst, dass sie erlöschen könnte. Deshalb ging ich mit Lucky zurück zu den Pferdeställen, die weitgehend unversehrt waren. Ich hockte mich ins Sägemehl der Box. Lucky stellte sich neben mich, sah genauso mitgenommen aus, wie ich mich fühlte. Sanft kraulte ich seine raspelkurze Mähne. Meine Gedanken zogen Kreise ums Überleben. Ich musste herausfinden, ob die Verbindung zum anderen Schacht intakt war. Und wie ich Lucky hier herausbekommen könnte. Die Förderkörbe lagen weit hinter dem verschütteten Teil, hinter dem Charles lag. Charles. Ob er noch lebte? Hat man ihn vielleicht gefunden und in Sicherheit gebracht?

Nahrung. Das war mein nächster Gedanke. Wenn Lucky ohne mich eine Weile durchhalten musste, brauchte er viel davon. So wie ich

die Gänge des alten Teils der Mine in Erinnerung hatte, würde
ich Lucky unmöglich durch sie hindurchbekommen. Ich prüfte die
Hafersäcke und den Wasserbehälter, es war noch ausreichend da.
Dann fasste ich den Mut und ging tiefer in den toten Stollen, an
dessen Ende der enge Durchlass zum alten Teil der Lady-Grace
sein sollte. Einer der alten Stollen lag fünfhundert Meter in der
Tiefe und wurde zurzeit gerade mit Abraum, also mit Gestein, das
bei der Suche nach Kohle abgetragen wurde, wieder aufgefüllt. Ich
ging voran. Eine Eisenstange war als Halt an der rechten Wand
befestigt, ich musste geduckt weiter und hielt mich an ihr fest,
da der Weg steil abfiel. Ich hatte das Gefühl, der Gang würde nie
enden. Und es wurde immer heißer, als käme ich der Hölle näher.
Ich versuchte, mich abzulenken, indem ich sang. Lieder, die meine
kleine Schwester Fiona mir beigebracht hatte.
»Das Wasser ist weit und schwimmen kann ich nicht.
Hab keine Flügel – die mich tragen.«
Ich atmete tief durch, sang leise weiter. Dachte an Fiona, die
ich gestern noch ins Bett gebracht hatte. Sie liebte es, wenn ich
das tat, obwohl sie bereits sieben Jahre alt war und eigentlich
schon groß. Ich beschwor ihr kleines Engelsgesicht vor meinem
inneren Auge herauf.
»Georgie?«, hatte sie mich gefragt. »Wie ist es in der
Lady-Grace-Mine? Hast du keine Angst im Dunkeln?«
Ich küsste ihre Wange, drückte die Bettdecke fest um ihren

schmalen Körper. »Ich kann im Dunkeln sehen, Spatz. Wie unsere alte Kitty«, hatte ich geantwortet. Was machte es schon, dass die alte Katze auf einem Auge nahezu blind war und seit einem Jahr keine Maus mehr gefangen hatte.

»Du spinnst doch!«, krähte Betty und sprang auf die Matratze. Sie war ein Jahr jünger als Fiona, hatte aber eine sehr viel größere Klappe. Wie ein Klammeraffe hockte sie sich auf meinen Rücken. Ihre langen braunen Haare fielen mir vor die Augen, während sie versuchte, auf meine Schultern zu klettern.

»Du spinnst, du kleine Spinnerin.« Ich ließ mich mit ihr zusammen neben Fiona fallen und kitzelte Betty, bis sie Tränen lachte. Dann lagen wir drei gemeinsam einfach da, lauschten den Klängen von Bettys Spieluhr. Irgendwann drückte Fiona mir etwas in die Hand. Es war klein und kühl.

»Was ist das?«, fragte ich sie und sie schaute mich so ernst an, wie es sonst nur unsere Mutter tat.

»Meine Zauberrose. Sie wird dir Glück bringen, wann immer du es brauchst«, hatte sie mir versprochen.

Bei dem Gedanken tastete ich in meiner Hosentasche danach, während ich mich in dem engen Gang voranquälte, und zog das kleine Kunstwerk heraus. Die Glasblume war noch ganz und ich wünschte mir, dass sie tatsächlich ein echter Glücksbringer war. Einer, den nur schottische Kobolde vermochten zu erschaffen. Ich ging weiter, sang lauter:

»Bau mir ein Boot - das trägt uns zwei.
Wir werden fahren, wir sind uns treu.«
Irgendwann machte der Tunnel einen Knick und ich verstummte.
Auch hier war kein Durchkommen. Die Stahltür hatte sich
verkeilt, ich konnte sie nicht bewegen. Und was diesen Schrecken
übertraf, war das Geräusch der Grube. Ich legte die Hand an
die Wand neben mir und es war als rausche Blut durch Adern,
angetrieben von einem kräftigen Herzschlag.

Ich habe das Gefühl, den Puls der Grube selbst in mir spüren zu
können. Deshalb identifiziere ich auch nicht sofort das donnernde
Hufgetrappel als solches. Erst als Pitty die Futteraufnahme einstellt,
sich neben mir verspannt und mit vollem Mund wiehert, hebe ich
den Kopf und starre auf den großen Schatten, der auf uns zuga-
loppiert.

Es dauert keine fünf Sekunden und das braune Pferd ist bei uns
am Baum und macht eine Vollbremsung. Pitty ist ebenso schockiert wie ich. Ich habe alle Mühe, ihn festzuhalten, weil er sich am
liebsten in Sicherheit bringen will. Dabei zieht er mich ein gutes
Stück um den Baumstamm herum, sodass ich an einer Baumwurzel
hängen bleibe und heißer Schmerz mein Knie durchzuckt.

»Ich bin daha, tralala!«, ruft eine helle Stimme. »Hallo, Enola,
herzlich willkommen im schönen Schottland, wo sich das Wetter
nie entscheiden kann, ob es regnet oder die Sonne scheint.« Ein

Mädchen mit blonden Locken springt vom Pferderücken und plappert einfach drauflos, während ich noch damit beschäftigt bin, das kompakte Pony zu beruhigen und nicht vor Schmerz zu heulen.

»Was für ein wunderschöner Tag, um zu faulenzen. Hab ich auch gemacht, bis Bob mich abkommandiert hat. Aber auch an schönen Tagen ruft die Arbeit, nicht wahr?«, sagt sie und grinst. »Ich arbeite ja wirklich gerne, besonders für deine Tante. Sie ist so, so nett.«

Ich schnappe nach Luft, ächze, als ich mich auf die Beine quäle. Pitty tänzelt nun wie ein junger Hengst auf der Stelle, macht einen auf dicke Hose. Vielleicht findet er die große braune Stute hübsch und will mit ihr anbandeln.

»Ich freu mich jedenfalls, dass du mal wieder hier bist«, zwitschert Effi, das Nachbarsmädchen, das ich nun wiedererkenne, und hält mit einer winzigen Handbewegung ihre große Stute davon ab, auf Pittys Annäherungen zu reagieren. Das nenn ich mal Erziehung.

»Na ja, egal. Hab ich dich etwa bei was gestört? Ich hoffe nicht. Du siehst irgendwie ein wenig angespannt aus«, stellt sie fest und runzelt ganz kurz die Stirn, als ihr Blick auf das Buch fällt, das im Gras liegt. »Lernst du etwa? Im Urlaub? Du machst doch Urlaub hier, oder?« Sie haut sich mit der flachen Hand auf die Stirn. »Ich rede zu viel …«

»Nein, alles gut«, sage ich irgendwie lahm und hebe das Buch auf.

»Wie du weißt, bin ich hier, um eine Aufgabe zu erfüllen«, setzt

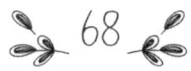

sie zu einer Erklärung an. Sie wendet ihr Pferd in Richtung Cottage. »Also, gehen wir oder besser: eilen«, meint sie, dreht sich dann aber verlegen zu mir um. »Nein, du besser nicht. Du hast eine Verletzung, stimmt's?«

Ich beiße mir auf die Zunge, ringe mir ein halbes Lächeln ab. Der Buschfunk scheint auch auf Schottisch zu funktionieren.

»Ich hatte mir auch mal was gebrochen. Das Gelenk.« Sie wedelt mit der Hand, ihre Stute stapft stoisch neben ihr her. Ich wette sie ist abgehärtet und kennt ihre Reiterin hinreichend. Und ihr Geplapper. Ich hatte ganz vergessen, wie viel dieses Mädchen reden kann. Ohne Punkt und Komma, würde Mama jetzt sagen.

»Oh, ich bin übrigens Effi. Falls du nicht drauf kommst …«

»Doch, doch, ich …«

»Gut, ich werde ungern vergessen«, unterbricht sie mich und lacht glockenklar. »Liegt vermutlich an meinem Sternzeichen. Ich bin Löwe Aszendent Feuervogel.«

Ich frage mich, ob es diesen Aszendenten überhaupt gibt.

»Und du? Ah, warte ich weiß noch deinen Geburtstag«, fällt ihr ein. »Ein Januarkind, also Steinbock?«

Ich nicke.

»Und welchen Aszendenten?«

»Keine Ahnung«, gebe ich zu.

»›Keine Ahnung‹? Den Aszendenten kenn ich noch nicht. Thihihi. Ist wohl etwas, das für eine introvertierte Persönlichkeit

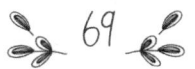 69

sorgt, was?«, feixt sie und spielt auf meine Wortkargheit an. Aber ganz ehrlich? Ich komme ja gar nicht zu Wort.

Ein Lächeln zuckt in meinem Mundwinkel und Pitty wird immer langsamer, desto näher wir den Stallungen kommen.

»Du musst dem Pony mal Lack geben«, meint Effi und schaut über die Schulter. »Also, keinen Lack wie Farbe. Sondern du musst härter durchgreifen, sonst veräppelt der dich, wo es nur geht. Macht der immer. Hillary ist manchmal echt fertig, weil er ständig was anstellt. Neulich hat er seinen Pferdehintern an einer Schubkarre gescheuert. Jetzt ist sie kaputt. Total verbeult und eiert.«

»Aha.« Pitty schielt zu mir auf, als wolle er sagen, glaub ihr kein Wort.

»Und du bist in der Ausbildung zur Hufschmiedin?«, wundere ich mich nun, weil mir bewusst wird, dass Effi nicht viel älter ist als ich.

»Ja, so halb. Ich geh noch zur Schule. Lerne aber schon seit Langem das Handwerk vom alten Bob. Er wird bald aufhören, die Batterie seines Herzschrittmachers ist nicht stark genug für harte Arbeit, hat er gesagt. Er wird über kurz oder lang nur noch Eier und so verkaufen. Ich mach meiner Liberty die Hufe schon seit Jahren selbst«, sagt sie stolz und ich muss zugeben, die braune Stute hat wirklich schöne Hufe.

»Du hast auch ein Pferd, oder?«, will sie plötzlich wissen.

Ich zucke unter der Frage zusammen. »Äh, ja, Hope.«

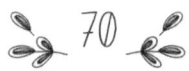

»Toller Name. Liberty ist ein Englisches Vollblut und sie sollte zum Schlachter, das konnten Finley – du erinnerst dich an meinen Bruder? – und ich nicht zulassen. Also haben wir sie befreit. Höhö, eine Mission à la ›Free Liberty‹. Verstehst?«

»Ja, befreit die Freiheit. Kapiert«, übersetze ich und Effi lässt urplötzlich vor dem alten Stall die Zügel von ihrer Stute los. Sie fallen zu Boden und Liberty bleibt stehen. Dann zieht das blonde und kleine Mädchen eine große Feile und einen Ausschneider aus der Satteltasche und winkt mich hinter sich her.

»Wir erledigen das in der Box, da kann Pitty keinen Ärger machen«, glaubt sie und ich zögere, während sie mit Schwung das blaue Tor aufstemmt.

»Willst du dein Pferd nicht anbinden?«

»Hab ich doch. Liberty ist am Boden angebunden, sie kennt das. Die bleibt jetzt genau so stehen, bis ich wiederkomme.«

»Okay«, wundere ich mich. Hope war auch brav, hielt sich gerne dort auf, wo ich war, und stand an der Anbindung auch mit einfachen Knoten geduldig da. Aber dass man sie einfach so hinstellen könnte? Undenkbar. Sarahs Nils kann sogar Knoten öffnen, wenn er denkt, es lohnt sich.

Ich parke Pitty in seiner Box, weil Effi das so will. Und dann geht's rund. Sie hat es nicht leicht, an seine Hufe zu kommen. Und obwohl er zusätzlich an den Trenngittern zu Tinys Box festgebunden ist, hampelt er nur rum.

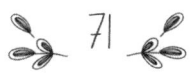

»Kann ich dir irgendwie helfen?«, frage ich irgendwann, weil sie so keucht.

»Nein, das ist mein Zuständigkeitsalbtraum. Ich ahne schon, warum Bob sich letzte Woche nicht die Mühe gemacht hat, Pitty zu suchen. Der macht jedes Mal Theater.«

Und tatsächlich: Will Effi an den einen Huf, hebt der weiße Wallach den gegenüberliegenden. Als verstünde er sie falsch. Ich glaube, dahinter steckt Methode und ich muss mir das Lachen verkneifen. Endlich kann sie den ersten Huf ausschneiden und ich muss sagen, sie hat ein Händchen dafür. Sie ist präzise und schnell.

Tiny linst neugierig zu ihm in die Box und ich fülle bei der Gelegenheit ihr Heu auf.

»Ich will später unbedingt Rechtsanwältin werden«, sagt Effi plötzlich überraschend und nimmt sich den nächsten Huf vor. Diesmal ohne Hampelei von Pitty.

»Ich dachte, du wirst Hufschmiedin?« Ich bin verwirrt.

»Das schließt sich doch nicht aus? Ich werde einfach beides«, findet sie und quietscht, als Pitty ihr in den Hintern kneift.

Ich zeige dem aufmüpfigen Wallach eine Möhre, die Aussicht auf einen Snack, wenn er brav ist. Wie immer zieht er einmal die Oberlippe hoch und grinst.

»Tolle Idee, belohne ihn ruhig, wenn er mich beißt«, schnauft Effi.

»Ich hab ja gar nicht ...«

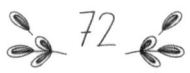

»Okay, du kannst mir doch kurz helfen, Enola. Halt den doofen Gaul am Halfter fest, bevor er beschließt, mich zu fressen, ja?«

Ich komme natürlich ihrer Bitte nach, wenngleich ich nun das Ziel seiner Zähne bin. Denn er scheint Pediküre wirklich leidenschaftlich zu hassen.

»Jetzt stell dich mal nicht so an«, schimpfe ich mit ihm und Effi beginnt, die Hufe zu feilen, einen nach dem anderen.

»Pitty hatte mal ein Hufgeschwür und das war sehr schmerzhaft. Vermutlich erinnert er sich noch lebhaft daran. Also, ich kann mich noch gut an den vereiterten Backenzahn erinnern, den ich mal hatte. Und ich könnte immer noch heulen, wenn ich zum Zahnarzt muss.« Effi legt den Kopf schief. »Wenn du verstehst, was ich meine.«

Sie wischt sich die Haare aus der Stirn und atmet tief durch. »So, Pitty, Dude. Jetzt bist du fertig.« Es gibt einen herzhaften Knuddler fürs Pony, das dabei den Atem anhält und die Augen weit aufreißt.

»So ein Schelm, nicht wahr? Frech und doch entzückend. Bestimmt Aszendent Teddyhamster.«

»Bestimmt.« Ein Lächeln zupft erneut an meinen Lippen. Effi ist wie damals, genauso erfrischend, wie der schottische Sommerwind.

Wir verlassen die Box. Pitty bleibt sogar freiwillig drinnen und ich schließe die Tür. Einen Moment stehen wir Mädchen etwas unsicher neben den Heuballen und dem Hühnerstall.

»Wollen wir morgen mal was zusammen unternehmen?«, fragt Effi und wiegt die schwere Feile in den Händen.

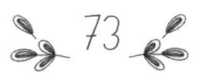

»Wir könnten an den Strand«, überlegt sie und wirft einen Blick nach draußen durch das offene Tor. Ihre Stute steht dort tatsächlich noch wie eine Eins. Hätte ich nicht gedacht.

»Oder, ich hab's. Wir gehen Finley auf den Sack. Der liebt es, gestört zu werden.« Ihre blauen Augen leuchten. »Oder wir reiten zur Schlossruine, au ja, und machen ein Picknick mit den Krähen?« Jetzt wirft sie die Feile in die Luft, sie dreht sich ganze drei Mal um die eigene Achse. Gekonnt fängt sie sie wieder auf. Mutig.

»Oder bist du schon verabredet?« Sie hält inne, forscht in meinem Gesicht. Ich schlucke schwer, alles in mir sträubt sich.

»Keine Ahnung, was Hillary so vorhat«, sage ich leise.

»Die wird es gut finden, wenn wir was unternehmen. Glaub mir. Hillary mag mich, ich bin ihr Lieblingswirbelwind.« Sie wirft die Feile erneut, diesmal höher und trifft zielsicher die Glühbirne über uns. Es scheppert. Glas sprüht. Ich ziehe erschrocken den Kopf ein.

»Auweia!«, hauche ich. Ein Wagen nähert sich dem Hof, Hillary kommt zurück. Ich kann das Knirschen vom Getriebe ganz klar dem Jeep zuordnen. Liberty, die bis eben mit offenen Augen gepennt hat, hebt den Kopf und schaut zur Auffahrt. Genau wie Effi.

Schnell klaubt sie die Feile auf, überlegt einen winzigen Moment und sagt dann: »Ich geb dir fünf Mäuse, wenn du sagst, du hast sie kaputt gemacht.« Sie grinst breit und ringt die Hände. »Wir wollen doch, dass ich ihr Lieblingswirbelwind bleibe, oder?«

Ich seufze. »Meinetwegen.«

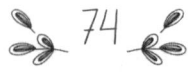

# Es wird Regen geben

Hillary fragt nicht nach dem frühen Ableben der Deckenbeleuchtung und beordert vor allem Effi ab zum Futtersäckeschleppen. Mich schont sie ganz schön.

»Da werden sich all die hübschen Shetlandponys aber freuen«, meint Effi und ächzt unter dem Gewicht, als Hillary sie von der Ladefläche zieht und ihr mit Schwung in den Arm hebt.

»Die zwei zu Tiny und Pitty im kleinen Stall, die anderen zum Offenstall, bitte.« Hillary sieht ganz schön erschöpft aus und ich biete meine Hilfe an. Doch sie lässt mich nur eine Schale Erdbeeren nehmen.

»Du hättest mich übrigens vorwarnen können, dass du einen lebendigen Hahn geliefert bekommst.«

»Oh, war das heute? Hab ich total verschwitzt«, antwortet sie zerknirscht. »Wo sind die Hühner dazu?«

»Die kommen nach.«

»Und wo hast du den Hahn gelassen?«

»Nicht im Kühlschrank.« Ich zucke die Schultern.

»Sehr gut, den hätte er nur umgeräumt und vollgeschissen. So was braucht keiner in der Küche.«

»Ich hab ihn ins alte Gehege gebracht«, erzähle ich.

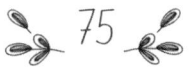

»Du bist so ein schlaues Mädchen, gut gemacht.«

Manchmal weiß ich nicht, ob sie mich auf den Arm nimmt. Ich klau mir eine Erdbeere und stecke sie in den Mund. Der Geschmack explodiert auf meiner Zunge und Hillary klopft mir auf die Finger.

»Die sind für später«, sagt sie und nimmt mir die Schale wieder weg.

Sie schaut in die Ferne zum Nachbarshof und meine Tante sieht plötzlich müde und nachdenklich aus.

»Stimmt etwas nicht?«, frage ich vorsichtig und sie winkt sofort ab.

»Alles bestens«, behauptet sie und Effi glaubt ihr genauso wenig.

»Wieder Beef mit Queen Elisabeth?« Sie nickt zur Weide, auf der die tausend Schafe das saftige Grün zupfen.

»Unvermeidbar«, brummt meine Tante und isst nun auch eine Erdbeere. Ich kann mir nicht vorstellen, dass die Königin von England genau hier einen Landsitz hat, also vermute ich, es geht um Elli. Eine ehemalige Schulfreundin von Hillary, die nicht mehr zum Fanclub meiner Tante gehört. Zumindest seitdem es Streitigkeiten um die Grundstücksgrenze gab. Und um den Brunnen, den beide nutzen, um die Tiere zu tränken.

»Immer noch dasselbe Thema?«, wundere ich mich.

Hillary tippt sich an die Stirn. »Ja, nur ein höheres Level. Jetzt will sie, dass ich ihr die alten Besitzurkunden vorlege. Sie denkt, es sei ihr Brunnen. Ist denn das zu fassen?«

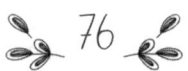

»Na und, mach das doch.« Für mich klingt das ganz einfach.

»Ich weiß nicht, wo sie sind«, flüstert sie mir zu und ich sehe ernste Sorge in ihrem Gesicht aufblitzen. Effi lädt sich zwei Säcke gleichzeitig auf die Arme. Sie kann kaum laufen, aber denkt nicht daran, auch nur einen wieder abzusetzen. Lieber quält sie sich stolpernd durchs Tor, hin zum Lager.

»Wir können sie suchen, die Papiere«, schlage ich vor, beobachte Effi, wie sie wieder aus dem kleinen Stall kommt und die Zügel ihrer Stute vom Boden aufhebt. Sofort erwacht Liberty aus ihrem Dornröschenschlaf. »Ich hab mal Pitty die Hufe gemacht«, ruft sie meiner Tante zu.

»Das ist lieb, vielen Dank.«

»Wollen wir noch einen Hufcheck bei den Fohlen machen? Ich hätte gerade alles dabei und noch etwas Zeit.« Keine Ahnung, warum sie meiner Tante neckisch zuzwinkert, es muss etwas mit mir zu tun haben, denn ihre Blicke huschen dann zu mir. Mir erschließt sich nur nicht, was.

»Brillante Idee. Geht ihr beide doch schon mal vor, ich bringe den Rest ins Haus und komme nach.« Sie deutet auf die Erdbeeren und zwei Tüten, die noch im Wagen liegen, und ich nehme mir vor, sie später zu löchern, was ihre Probleme angeht.

Ich folge Effi-Aszendent-Feuervogel, die vergnügt mit der Feile in der Hand neben Liberty herhüpft.

»Na, bereit für den ultimativen Zuckerschock?«, fragt sie mich

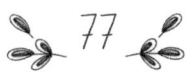

und ein Scheppern im kleinen Stall lässt mich herumfahren. Pitty ist frei, springt bockend über den Hof und rennt jetzt geradewegs zur Koppel.

»Bei dem Pony haben 'se glaub ich 'ne Ziege mit eingekreuzt«, wundert sich Effi. »Mein Onkel hat welche, die kommen auch überall raus. Gehege, Schafzäune, Mauern, alles kein Hindernis.«

»Solange er nicht auf die Straße läuft«, murmle ich besorgt und Effi winkt ab.

»Der ist wie 'ne Hofgans. Bleibt immer in seinem Revier.« Sie runzelt die Stirn. »Höhö, noch ein Tier in die Zuchtlinie eingekreuzt, was? Ziege, Gans und Shetty. Wir sollten uns mal mit seinem Stammbaum beschäftigen, ist bestimmt spannend.«

Mit Schwung öffnet sie das Tor der großen Halle, bindet Liberty erneut am Boden fest, was ich immer noch befremdlich finde, und tänzelt zum Stall.

Ich halte der Stute meine Hand hin, sie pustet mir ihren warmen Atem entgegen und sieht mich freundlich an. Sie ist wirklich hübsch, schlicht braun mit seidigem Fell. Doch plötzlich droht ein anderes Bild dieses zu überlagern. Schwarzes Fell, samtig schimmernd. So schön wie eine mondlose Nacht.

Mein Kiefer zuckt.

»Enola, komm her, das musst du sehen«, ruft Effi und winkt mir zu, einen Futtereimer in der einen Hand und Halfter und Stricke in der anderen. Sie balanciert auf einem Balken, hüpft dann in den

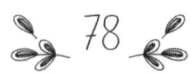

Stall und schlendert zur offenen Rückwand der Halle, die in die weitläufige Weide mündet.

Ich folge ihr und öffne eine der Stahltüren, die überall eingelassen sind.

»Beeil dich, wenn die Meute mich entdeckt, dann geht die Post ab.« Und zwei Sekunden später ist es auch schon so weit: Die Leitstute ist die Erste, die den Kopf hebt und uns sieht. Sie muss verdammt gute Augen haben, aus der Entfernung den Eimer zu erkennen.

Dann stößt Effi einen hellen Pfiff aus. Die Antwort ist ein Konzert: Eine wundervolle Melodie aus hellem Wiehern und die Herde setzt sich in Bewegung. Wie ein Meer aus Farben ergießt sie sich mit Hufgetrappel über die grüne Wiese und hält auf uns zu. Die vielen süßen Fohlen eng bei ihren Müttern.

Mähnen fliegen im Sommerwind und die Ersten kommen bei uns an. Für einen Moment habe ich Angst, umgerannt zu werden, so schnell und stürmisch sind sie.

Liberty hinter uns wiehert zur Begrüßung und guckt sichtlich neidisch zu Effi, die den Eimer in eine lange Raufe schüttet.

»Fang mir mal den da«, zeigt Effi nun auf einen kleinen schwarzweiß gescheckten Hengst mit blauen Augen. »Die Hufe muss ich mir anschauen, der tritt hinten total durch.«

Der Kleine reicht mir nur bis zum Knie, er ist wirklich zauberhaft und als Effi ihn schnappen will, rennt er direkt in meine

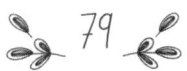

Arme. Mein Herz macht einen leisen Satz gegen meine Rippen, fein wie der Flügelschlag eines Schmetterlings, doch spürbar. Ich lasse meine Finger durch sein flauschiges Fell fahren und halte ihn fest. Ich könnte ihn einfach auf den Arm nehmen, so klein ist der Knirps.

»Hab ich dich, King Arthur«, freut sich Effi und legt ihm das winzige Halfter um. Der kleine König schnappt nach ihrer Hand. »Du kleines Monster, zum Glück hast du keine richtigen Zähne«, tadelt sie und fährt sacht mit der Hand seine Beine ab. Schon versucht er, nach ihr zu treten, und ruft nach seiner Mama, die umgehend nach dem Rechten sieht. Allerdings bewertet sie die Situation nicht als gefährlich und widmet sich lieber wieder der Futteraufnahme.

»Schön, da habt ihr ja schon den Richtigen am Wickel«, sagt Hillary, als sie zu uns kommt. So nach und nach legt sie den Fohlen, die alt genug sind, Halfter um und sortiert sie in den Offenstall, zusammen mit ihren Müttern natürlich.

»Wie geht es Finley?«, fragt sie beiläufig nach Effis Bruder.

»Gut, würde ich meinen. Er ist verrückt wie eh und je. Aber besser verrückt als verstellt«, scherzt Effi und raspelt ganz leicht die Zehe von King Arthur. Seine Mutter kommt jetzt doch lieber dazu und beobachtet das ganz genau. Sie spitzt die Ohren und legt ihr Maul auf Effis Rücken ab. Ihr Fohlen sieht ihr verdammt ähnlich, nur hat sie viel mehr Weißanteil in der Scheckung.

»Was macht er denn gerade? Gräbt er wieder euren Acker um?«
Neugier erwacht in mir und ich schaue Effi fragend an.

»Er will doch Archäologe werden. Und da hat er doch tatsächlich letztes Jahr Opas Kartoffelacker umgegraben. Und das Dumme: Er hat wirklich ein altes Tongefäß aus der Römerzeit gefunden.« Sie seufzt und nimmt den nächsten Huf von King Arthur. Prompt steigt er, versucht, sich dem Griff zu entziehen, doch Effi lässt sich nicht abschütteln.

»Queen Elisabeth, die Tratschtante hatte nichts Besseres zu tun gehabt, als es der Presse zu erzählen. Sie liebt Aufmerksamkeit, musst du wissen.«

Ich meine mich zu erinnern, dass Hillarys Nachbarin mal eine kleine Rolle im heimischen Stadttheater spielte, was meiner Tante nur ein müdes Lächeln entlockte.

»Und daraufhin rückte ein ganzes Team von echten Archäologen an und mein Opa konnte seine Kartoffelernte vergessen. Man war der sauer«, berichtet Effi weiter.

»Und Finley? Durfte er denn weiter mitmischen?«, frage ich hoffnungsvoll.

»Iwo. Nein, er durfte nur aus fünf Meter Entfernung zugucken, das war's. Mann, war der bedient.«

»Kann ich total verstehen.«

»Jetzt gerade erforscht er die Lady-Grace-Mine.« Effi wird schlagartig blass um die Stupsnase und lässt den Huf sinken.

»Äh, aber das ist ein Geheimnis und darf niemandem erzählt werden. Ein Verstoß wird mit dem Tode geahndet, in diesem Fall mit meinem, wenn ihr versteht, was ich meine?« Sie ringt bittend die Hände und Hillary schmunzelt. Meine Neugierde ist geweckt.

»Lady-Grace? Die Mine in der George gearbeitet hat?« Und verschüttet wurde? Und beinahe starb?

»Ja, ist sie denn nicht versiegelt? Ich weiß nicht, was es dort zu erforschen gibt«, sagt Hillary, die Hände in die Hüfte gestemmt.

»Ja, voll versiegelt. Total dicht gemacht, verbarrikadiert und so«, beeilt sich Effi zu entgegnen und die Art, wie sie spricht, lässt mich aufhorchen. »Finley ist selbstverständlich nur draußen und im Eingangsbereich am Steinprobenschlagen. Selbstverständlich würde er niemals in einen verschlossenen Bereich vordringen.«

Ihr Mundwinkel zuckt verräterisch. Ich erinnere mich an einen Nachmittag an der Strandpromenade, als ich zehn war. Es war stürmisch gewesen. Die Möwen segelten durch die Luft, spähten die Leute nach Essbarem aus. Finley hatte uns Pommes gekauft und mit uns Zeit verbracht, was selten war. Denn er fand, wir seien noch Babys und anstrengend, wobei ich glaube, der Part ging an Effi. Denn sie redete damals schon viel. Justus-fünf-Finger-alt war im Rückblick nichts gegen dieses vor Energie überschäumende Mädchen.

Finley hatte mir Ketchup auf die Nasenspitze geschmiert und bekam prompt die Quittung, als eine freche Möwe ihm seine Tüte Pommes aus der Hand klaute und damit wegflog.

Wir lachten uns scheckig und ich teilte daraufhin meine Pommes mit ihm.

»Hat er schon etwas gefunden?«, will ich wissen und helfe Effi, das nächste Fohlen zu fangen. Diesmal eine kleine Fuchsstute mit schmaler Blesse. Sie ist total brav, knabbert an meinem Schuh herum und lässt sich lieb die Hufe behandeln. Es ist bestimmt nicht das erste Mal für sie.

»Soweit ich weiß, eine alte Taschenuhr und ein Fossil, eine Schnecke vermutlich. Könnte aber auch ein Schrimp sein.«

Hillary knufft Effi in den Oberarm. »Das mir niemand auf dumme Ideen kommt«, mahnt sie und wedelt heftig mit ihrem Zeigefinger vor Effis Gesicht. »Die Mine gehört immer noch dem alten Grafen. Gott weiß, was er noch damit vorhat. Und gefährlich dürfte es dort auch sein.«

»Niemals, Hillary. Außerdem kommt ja nie jemand mit, wenn ich auf dumme Ideen komme«, feixt sie. »Nein, im Ernst. Finley weiß, dass die Grube unsicher ist. Und du weißt, wie überaus schlau mein Bruder ist. Er hat fast das Abitur.«

»Na gut«, brummt meine Tante wenig überzeugt.

»Außerdem, wer will schon den Drachen wieder wecken?«, fügt Effi dann an, geht in die Knie und pult einen kleinen Stein aus dem winzigen Huf.

»Drachen?« Fragend schaue ich zu Hillary.

»Dummer Aberglaube.«

»So dumm ist der gar nicht. Es gab eine ganze Reihe von Überlebenden, die davon sprachen, etwas wäre geweckt worden, dort unten in der Tiefe. Etwas, das mit Feuer auf die Störung antwortete.« Effi macht ein vielsagendes Gesicht.

»Kohlenstaubexplosion«, sagt Hillary und schüttelt den Kopf.

»Es gibt keine Drachen«, bin ich mir mehr als sicher.

»Das sahen viele anders. Sie waren damals so in Panik deswegen, dass die alte Mine zugemauert wurde, bevor überhaupt alle Verunglückten geborgen wurden und …«, erzählt Effi und ein beschämter Ausdruck huscht über ihr Gesicht.

»Es war der Versuch, das Feuer zu ersticken, Effi. Es hatte nichts mit irgendeinem Monster zu tun«, fällt ihr Hillary ins Wort.

Die kleine Stute beißt mit ihren winzigen Milchzähnen kräftiger in meinen Schuh. Ein schrecklicher Gedanke beschleicht mich.

»Haben sie George da unten etwa eingeschlossen?«, frage ich fassungslos und Hillary verzieht ihren Mund zu einem Strich.

»Beinahe zwei Tage lang. Als die Flammen erstickt waren, öffneten sie die Mine und bargen zwanzig Tote und nur fünf Überlebende.«

»Das ist so schrecklich.« Mein Knie pocht, meine Stirn wird heiß und ich berühre nachdenklich die Narbe, die sich unter meinem Pony verbirgt, taste sie vorsichtig ab.

»Alles längst vergangen«, meint Effi. »Man sollte daraus lernen und in die Zukunft blicken.«

»So ist es«, findet Hillary. »Es gibt schließlich noch ganz andere Drachen zu bezwingen.« Sie deutet mit einem unauffälligen Nicken in die Ferne, dorthin, wo ihr Grundstück in das von Queen Elisabeth übergeht. Ich folge ihrem Blick. Etwas blitzt verräterisch in der Sonne auf.

»Ist das ein Fernglas?«, wundere ich mich und Effi gibt mir zu verstehen, dass ich nicht in die Richtung gucken soll.

»Das ist Brian, Ellis Mann. Der beobachtet Hillary nur zu gerne.«

»Warum?« Verwundert schaue ich meine Tante an, die nur mit den Schultern zuckt.

»Keine Ahnung, was der will. Manche Menschen haben seltsame Hobbys.«

Effi wechselt einen Blick mit mir, sie weiß mehr, sagt aber nichts dazu.

»Ich glaub, du weißt genau, was er will«, meint Effi grinsend.

»Still jetzt. Konzentriere deine Aufmerksamkeit mal lieber auf die Ponyhufe. Dass die mir ja alle schön gleichmäßig werden.« Meine Tante wirkt überraschend fahrig. So sehr, dass Effis Stute Liberty vergisst, dass sie am Boden angebunden ist und sich zwei Meter nach hinten bewegt.

Effi schnalzt laut mit der Zunge, ein Befehl an ihr Pferd. Sofort hält die Stute an. Wie brav ist das denn? Bei dem Pferd hat man bestimmt eine KI eingebaut, so gut, wie es funktioniert.

# Stumme Zeugen

Zwei Tage vergehen, in denen Hillary angespannt auf die Geburt des letzten Fohlens wartet und ihr Haus auf der Suche nach den Grundstückspapieren durcheinanderbringt. Dobby passt die Unordnung überhaupt nicht. Er hat aus Protest sogar auf den Stubentisch gekotzt, weil er nicht auf seinem Lieblingssessel liegen konnte, denn er war mit Büchern und Unterlagen vollgemüllt.

Am Sonntagmorgen wache ich viel zu früh auf, weil der aus dem Konzept gebrachte Kater vor meinem Bett steht und mich anmaunzt.

»Was ist los?«, frage ich und er miaut lauter. Ich angle nach meinem Handy auf dem Nachttisch, es ist erst sieben Uhr und die Sonne schickt ihre hellen Strahlen durch den Vorhang.

»Wenn du Futter willst, geh zu Hillary«, antworte ich und öffne WhatsApp. Sarah hat mir ein Foto geschickt.

*Schau mal, was ich in einem Throwback gefunden haben. Die vier Musketiere*, schreibt sie und ich betrachte uns vier Mädels. Das Bild muss etwa ein Jahr alt sein und wurde auf einem Vielseitigkeitsturnier geschossen, bei dem ich mit Hope den ersten Platz belegt hatte. In meinen braunen Augen blitzt der Stolz und die drei anderen freuen sich mit mir.

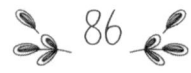

Katie haucht mir einen Kuss auf die Wange, Sarah reckt den Daumen in die Kamera.

Ich schaffe es nicht, darauf zu antworten, lege das Handy wieder auf den Tisch und kämpfe gegen dieses dumpfe Pochen in meiner Brust, das mir die Luft zu rauben droht. Ich bemerke zunächst weder Dobby, der mir plötzlich schnurrend um die Beine streicht, noch, dass ich mich überhaupt aufgesetzt habe.

Ich blinzle, beuge mich etwas herunter und streichle den Kater. Er quittiert meine Annäherung mit einem Fauchen und einem Tatzenhieb.

»Du bist so bescheuert«, stoße ich erschrocken aus und bringe meine Hand in Sicherheit. Wenigstens hat die Attacke mich aus der Beklemmung geholt. Ich stehe auf, schlüpfe in ein weißes Sommerkleid mit Spitze und werfe mir eine Strickjacke über. Meine halblangen Haare drehe ich zu einem Dutt und folge dann dem launischen Kater die Treppe hinab.

Leise gehe ich zu Hillarys Zimmer, die Tür steht offen und es ist verwaist. Auch im Bad ist sie nicht.

Nachdem ich Zähne geputzt und das Frühstück vorbereitet habe, schaue ich auf den Computer, auf dem die Bilder der Überwachungskamera zu sehen sind. Und dort entdecke ich meine Tante, wie sie gerade vor der kleinen Tiny hockt und eindringlich mit ihr redet.

Sofort kommt Leben in mich.

»Dobby, es geht los«, bin ich überzeugt. »Sie bekommt ihr Fohlen.«

Der Kater rennt neben mir her, biegt aber im Gegensatz zu mir in die Küche und stoppt vor dem leeren Futternapf.

»Du kannst später fressen«, entscheide ich zu seiner Empörung und renne zur Tür, stecke meinen Fuß in einen Turnschuh und erstarre.

»Ah«, kreische ich. Ziehe den Fuß wieder raus und falle beinahe dabei hin, weil mein Knie so ein Gehüpfe nicht mag.

»What the fuck, Dobby!«, quietsche ich.

Der Kater guckt gekränkt, die Ohren nach hinten gelegt, die Augen tellergroß.

»Das ist so eklig!« Ich nehme den Schuh, schüttle ihn vor der Tür aus und eine tote Maus fällt in den Rosenbusch. Das arme kleine Ding. Zögerlich kommt der Kater näher, wundert sich sehr über meine Undankbarkeit.

»Vielen Dank, aber nein danke. Verstehst du mich?«, frage ich ihn und er geht stumm an mir vorbei nach draußen. Er dreht sich nicht mal mehr nach mir um, während er in Richtung Wiese stolziert. Ich schätze, bei dem bin ich erst mal unten durch.

Einen Moment frage ich mich, ob mein Fuß wirklich wieder in den Schuh möchte, dann siegt meine Neugierde, was im Stall vor sich geht, und ich ziehe den Schuh einfach an.

»Ist es so weit?«, frage ich ganz leise, während ich in den Stall

schleiche. Meine Tante erhebt sich, tätschelt den Ponyschopf und schüttelt den Kopf.

»Madame lässt sich ganz schön bitten. Ich hoffe wirklich, sie überträgt nicht zu lange. Das kann gefährlich werden.«

»Hol doch lieber den Tierarzt«, schlage ich vor, weil ich einmal einen Fall mitbekommen habe, bei dem das Fohlen im Mutterleib verstorben ist.

»Morgen kommt er eh, ich hoffe, es bleibt alles gut bis dahin.« Tiny legt die Ohren an, wendet sich zickig in Pittys Richtung.

»Oh, Pitty ist ja noch da«, freue ich mich, doch meine Tante reagiert sofort mit einem Schnaufen.

»Wieder. Ich hab ihn heute früh um vier aus der Apfelwiese geholt.«

»Warum warst du so früh schon auf?« Mein Blick bleibt an einem deplatzierten Rosenstrauß hängen, der zwischen Futterkiste und Regal liegt.

»Ich hab draußen was gehört«, winkt sie ab und lässt den Strauß in die Mülltonne fallen. »War vermutlich nur dieses vermaledeite Pony.«

»Von wem sind denn die Blumen?«, will ich wissen, lehne mich an die Boxtür und warte. Hillary zuckt die Achseln, zwirbelt dann an einer ihrer Locken. Mama macht das auch, wenn sie lügt. »Weiß nicht, lag auf der Motorhaube. Einfach so«, behauptet sie.

»Verkaufst du mich für blöd?«, hake ich nach. »Ist Gelb nicht deine Lieblingsfarbe?«

»Wollen wir frühstücken?«, stellt sie die Gegenfrage und reicht mir die Hand. Mir fällt auf, dass einer ihrer Ringe fehlt, doch ich sage nichts dazu. Schlendere mit ihr zurück ins Haus, da meine Tante bereits alle Tiere versorgt hat. Bis auf Dobby natürlich, der mit wütend peitschendem Schwanz vor der Tür sitzt und auf uns wartet. Oder besser gesagt: auf sein Futter.

Nach dem Frühstück klingelt es plötzlich sturm an der Tür und ich reiße sie mit etwas viel Schwung auf.

»Morgenstund ist Gold im Mund oder so ähnlich«, zwitschert eine vergnügte Effi und schiebt sich an mir vorbei.

»Ich will ja nicht mit der Tür ins Haus fallen, aber ich habe mir erlaubt, einen Ausflug vorzubereiten«, lässt sie mich wissen und zaubert einen Reithelm hinter ihrem Rücken hervor.

»Wir reiten aus. Warst du schon mal Co-Pilotin? Also, zu zweit auf einem Pferd?«

Mir kommt mein Frühstück fast wieder hoch, unwillkürlich presse ich meine Hand auf den Magen. Am liebsten würde ich mich in Luft auflösen, in Schwärze, in nichts.

»Keine Sorge, Liberty kann zwei Leutchen tragen. Damit hat sie gar kein Problem. Ich dachte mir, wir reiten zur Schlossruine und gehen anschließend Finley auf den Geist.«

Ich sage nichts, spüre, wie mir das Blut aus dem Gesicht weicht.

Dobby beobachtet meinen Beinahe-Kollaps mit großem Interesse.

»Oder magst du lieber an den Strand reiten? Das Wetter ist ja heute total zahm. Können wir auch machen, ganz wie du magst.« Sie zwinkert und meine Tante kommt mir zu Hilfe, nimmt meine Unruhe wahr.

»Ihr müsst ja nicht reiten, mir wäre es sehr lieb, wenn ihr zu Fuß geht und Pitty mitnehmt. Der braucht unbedingt Bewegung, er ist viel zu dick.« Sie kommt zu mir, legt mir die Hand auf die Schulter.

Ich nicke lächelnd.

»Na logo, dann spazieren wir eben und führen unsere Pferde. Ich meine Liberty und du deinen süßen Fettsack. Gar kein Problem.« Einen winzigen Moment wirkt Effi verunsichert, kratzt sich am Kinn und tritt von einem aufs andere Bein.

»Geht denn ein längerer Spaziergang klar?« Es rattert ganz schön in ihrem Hirn. »Oder wir nehmen die alte Kutsche, kann Pitty die nicht ziehen?«

»Das wäre auch eine Idee«, gibt Hillary zu.

»Fein, dann krame ich alles zusammen und du könntest eine Kleinigkeit zu essen vorbereiten?«, schlägt sie vor. Aber ich bin immer noch mit meiner aufkeimenden Panik beschäftigt.

»Ich mache euch was Schönes fertig«, antwortet Hillary an meiner statt und Effi hebt eine Augenbraue. Ich wette, sie fragt sich

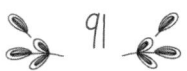

gerade, ob es eine gute Idee war, mit mir etwas unternehmen zu wollen. Wenn sie nachher die Einzige ist, die den Mund aufbekommt.

Ich fasse mich endlich, während ich mit Hillary Brote schmiere und Äpfel zusammenpacke. Kutschefahren ist nicht Reiten. Nicht wesentlich ungefährlicher, aber doch irgendwie harmloser. Oder?

Wenig später winkt Hillary uns nach, während Effi die kleine blaue Kutsche über die lange Zuwegung lenkt. Ihre Stute hat sie hinten einfach angebunden und die sieht darüber nicht sonderlich erfreut aus. Ganz im Gegensatz zu Pitty, dem es richtig Spaß macht, uns zu ziehen. Er trabt voran, die Plüschohren gespitzt und die marmorgefleckte Nase in den Wind gereckt.

»Hab ganz vergessen, wie sehr Pitty Ausflüge mag. Wir sollten das öfter machen«, sagt Effi und lässt die Zügel lockerer. Schon fällt der kleine Shetty-Wallach in einen langsamen Galopp. Der Wagen rumpelt durch ein Schlagloch und mein Magen zieht sich zusammen. Ich drehe mich um, blicke zurück zum Cottage. Es sieht aus wie ein Foto in einem Schottlandreiseführer. Malerisch und romantisch. Apropos Romantik: Ein Mann hat es eilig, über den angrenzenden Zaun zu kommen, und steuert auf meine Tante zu.

»Guck mal, was geht denn da ab?«, frage ich verblüfft.

»Brrrr, Pitty.« Mühsam pariert Effi Pitty durch und verrenkt sich den Hals.

»Hahahaha, da wird sich Queen Elisabeth aber freuen, wenn sie das spitzkriegt.«

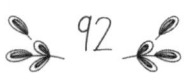

»Ist das ihr Mann? Ellis Ehemann?«, wundere ich mich und sehe, dass Hillary ins Haus flüchtet, als sie ihn entdeckt.

»Und ob. Die hat nur den einen.«

»Sollten wir umkehren?«, frage ich besorgt.

»Wo denkst du hin. Hillary holt bestimmt ihre Flinte und dann läuft der ganz schnell zurück zu Elli.«

»Was ist da zwischen den beiden?«, will ich wissen und Effi grinst breiter.

»Oh, das weiß Gott allein. Und die beiden natürlich. Offiziell will er über den Brunnen und die Grundstücksgrenze sprechen. Aber ich denke, er ist verknallt in Hillary. Und Elli denkt das wahrscheinlich auch, deshalb macht sie ihr das Leben schwer.« Effi schnauft, ich hüpfe gefühlt einen Meter auf dem Sitz, als wir erneut durch ein Loch poltern. Krampfhaft klammere ich mich an der Halterung fest.

»Ich könnte mich aber auch irren. Irren ist menschlich und ich irre mich öfter mal«, lässt mich Effi wissen, zügelt den kleinen weißen Wallach und lenkt ihn dann nach links auf die Straße in Richtung Strand.

»Ich dachte immer Hillary wäre extrem wählerisch, sie sagte mal, es käme für sie nur Brad Pitt infrage. Außerdem würde sie niemals einem verheiraten Mann schöne Augen machen. Das macht man nicht.«

»Da liegst du goldrichtig. Hillary würde nicht mal Elisabeths

gebrauchte Socken tragen. Also warum dann ihren Mann?« Effi schnauft belustigt und lässt die Zügel lang. Pitty wird sofort schneller und der Fahrtwind nimmt mir den Atem. Der gleichmäßige Hufschlag verbindet sich mit dem Pochen meines Herzens. Ich fühle mich ein wenig wie damals in der Achterbahn, bevor es richtig losging. Diese Mischung aus Spaß und Gefahr pulsiert durch meine Venen.

»Hast du einen Freund?«, will Effi plötzlich wissen und ich deute ein Kopfschütteln an. »Nein, ich hab genug andere Sorgen.«

»Ich bin ja bereits verlobt.« Mich beschleicht das Gefühl, dass ich eine herbe Enttäuschung für sie sein muss, so wenig, wie wir gemeinsam haben. Früher war das einmal anders. Wir liebten das raue Meer, ritten mit den Shettys hinein und lachten uns halb tot, wenn wir in die Wellen fielen. Wir mochten beide Zitroneneis mit Sahne und bunten Streuseln und fanden es lustig, Finley zu ärgern.

»Bist du nicht ein bisschen jung, um verlobt zu sein?«, wundere ich mich und Effi lehnt sich ganz entspannt zurück.

»Nein, wieso? Wenn man genau weiß, was man will, ist es nie zu früh. Und meine Schildkröte Mister Peabody sieht das genauso. Wir haben uns dieses Versprechen bereits vor drei Jahren gegeben, da war ich zwölf.« Schalk blitzt in ihren Augen.

»Mister Peabody, also.« Ich verschlucke ein Lachen und Effi triumphiert.

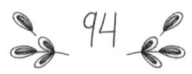

»Ja, er kann hundert Jahre alt werden, bei guter Pflege. Und ich kann ihn in einem Terrarium einsperren. Probier das mal mit einem Jungen!« Sie schnalzt mit der Zunge.

»Ich hoffe, dass du das noch nicht ausprobiert hast«, antworte ich belustigt und spüre die Sonne auf meinem Gesicht, wie sie prickelt.

»Na logo«, sagt Effi und ich bin mir nicht sicher, auf was sich das nun bezieht.

»Du hast einen Jungen irgendwo eingesperrt?«, hake ich nach, als wir auf die alte Steinbrücke zufahren.

»Nun, es könnte sein, dass …«

»Nein!« Unwillkürlich muss ich schmunzeln.

»Doch, aber zu meiner Verteidigung: Ich war sechs und der Junge hatte mir versprochen, seine Dinosauriersammlung mit mir zu teilen, und als seine Mutter ihn abholen wollte, rückte er keinen einzigen heraus. Also habe ich ihn im Bad eingeschlossen.«

Ich kichere. »So kann man auch seinen Willen bekommen.«

»Er hätte mir nur einen abgeben müssen.« Sie zuckt die Schultern. »Hat er aber nicht. Und ganz ehrlich, Jungs können gar nicht früh genug lernen, dass gebrochene Versprechen Konsequenzen haben.« Sie zwinkert mir zu.

Pitty wird plötzlich langsamer, er scheint zu zögern. Mir kommen die alten Sagen aus Schottland in den Sinn, in denen behauptet wird, dass unter jeder Brücke ein Troll sitzt und Wegzoll verlangt.

»Was hast du denn, Junge? Rüber da!«, fordert Effi und klatscht die Zügel auf seinen Hintern. Das lässt er sich dann doch nicht zweimal sagen und er donnert die Brücke hoch und mit einem Affenzahn wieder hinab.

# Schmetterlinge sind auch nur hübsche Motten

Irgendwann wird Pitty langsamer und ich entspanne mich. Es ist so wunderschön hier, die weiten Wiesen mit ihren aus Findlingen gebauten Mauern. Das Meer, das in der Ferne schimmert. Die Luft schmeckt nach Salz und ich schließe für einen Moment die Augen.

»Hey, nicht einschlafen. Dann werde ich auch müde und wo kommen wir wohl an, wenn wir Pitty die Führung überlassen? Außerdem sind wir bald da«, sagt Effi und wir biegen auf einen Feldweg. Schmetterlinge tollen auf der Wiese, kleine Bäume rauschen im Wind und Kornähren beugen sich ihm.

Links von uns erhebt sich der Hügel und durch Buschwerk blitzen die Überreste der Lady-Grace-Mine hervor.

Als wir näher kommen, kann ich den zugemauerten Eingang des alten Teils der Mine sehen, der mit Graffiti besprüht wurde. Zugegeben, kein sonderlich schöner Anblick, aber immerhin bunt.

»Brrr, Pitty.« Auf dem Ohr ist der Shetty taub. Wir poltern über Stock und Stein, bis es vor einem Baum nicht mehr weitergeht und der Wallach eine Vollbremsung machen muss. Ich unterdrücke einen Aufschrei.

Effi zieht die Bremse fest und hüpft vom Kutschbock. »Du

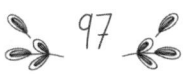

blöder Esel«, rügt sie Pitty. »Jetzt müssen wir nachher rückwärts ausparken.«

Trotzdem zückt Effi eine Möhre und das Pony zieht die Oberlippe hoch und wippt einmal kräftig mit dem Kopf. Liebevoll wuschelt sie seinen Schopf und gibt ihm die Möhre.

Ich steige vorsichtig vom Kutschbock, immer darauf bedacht, mein Knie bloß nicht zu verdrehen. Und Effi bindet währenddessen das Pony und auch Liberty so an, dass sie grasen können, schnappt sich den Picknickkorb und winkt mich hinter sich her einen Pfad entlang, der sich durch Bäume zur Mine schlängelt.

»Mal schauen, wie Finley heute drauf ist. Ich kenne keinen Jungen, der so launisch ist wie er.« Sie lacht hart. »Ach was, ich kenne nicht mal ein Mädchen, dass so launisch ist! Wenn er nichts Tolles findet, während er im Dreck rumwühlt, muss man echt aufpassen, nicht gefressen zu werden.«

Als ich zögere, meine Schritte langsamer werden, weil ich plötzlich total unsicher werde, ob ich Finley überhaupt treffen will, ist sie auch schon neben mir und hakt sich bei mir ein.

»Spaß, Enola. Alles nur Spaß. Er könnte keinen von uns wirklich fressen, wir sind viel zu zäh.«

Ich runzle die Stirn. Eine verrostete Verladestation steht halb eingewachsen vor der Anhöhe. Dann sehe ich den Mineneingang, der sich in den Berg gräbt. Auf einem Messingschild steht *Lady Grace anno 1908*. Und im Eingang, der von Klinker und Holz um-

rahmt ist, halb verborgen hinter einem schmiedeeisernen Tor, das seltsamerweise offen ist, steht ein kleiner Tisch, auf dem fein säuberlich Dinge drapiert sind. Ganz vorn liegen Werkzeuge, Meißel, Hammer, Handfeger, Schalen und Pinsel. Weiter hinten Dinge, die Finley allem Anschein nach gefunden hat. Ein alter zerbeulter Becher, etwas, das wie ein Klappmesser aussieht, und verschiedene Steinbrocken mit Mineralablagerungen. So viel kann ich erkennen, während ich vorsichtig an Effi vorbeilinse.

»Finley!«, ruft sie nach ihrem Bruder und ein ziemlich großer Typ kommt aus der Dunkelheit der Höhle. Vermutlich war Finley, kurz nachdem ich ihn das letzte Mal gesehen hatte, in einen Zaubertrank gefallen oder er hatte Wachstumspillen bekommen. Wow!

Ähnlich wie Effi es mit der Huffeile gerne macht, spielt er mit einem kleinen Hammer herum, als er uns entdeckt. Sein Haar ist viel dunkler als ihres und seine Augen strahlen in einem Graublau, das an die raue See erinnert. Er sieht überhaupt nicht mehr aus wie der pickelige und dürre Junge von damals, der immer eine Mütze auf dem Kopf trug, egal, wie das Wetter war.

»Wie fühlst du dich heute, Brüderchen?«, frotzelt Effi und winkt.

»Glücklich wie 'ne Möwe mit 'ner Tüte Pommes!«, höre ich ihn antworten. Er legt den Hammer zur Seite, wiegt einen Stein in der Hand. »Ich hab ein Fossil gefunden.« Effi bleibt stehen, ich drücke mich an ihr vorbei.

»Hallo«, sage ich halblaut und Finleys Mund öffnet sich, ohne dass ein nennenswerter Laut seine Lippen verlässt. Ich weiß auf einmal nicht mehr, wie man jemanden begrüßt, den man aus Kindertagen kennt. Und ihm scheint es ähnlich zu gehen, er wischt sich die schmutzigen Hände an der löchrigen Jeans ab und zögert.

»Hey«, antwortet er dann irgendwann und ich zupfe an meinem blöden Kleid herum. Die Situation hat etwas vom ersten Kindergartentag, an dem man nicht weiß, wohin mit sich, und es nicht zustande bringt, mit den anderen Kids Bauklötze zu stapeln. Auch wenn man es gerne will.

Doch plötzlich erscheint ein Grinsen in seinen Mundwinkeln.

»Wir haben etwas Feines zu essen mitgebracht«, sagt Effi in diese unnatürliche Stille hinein und guckt skeptisch zwischen ihrem Bruder und mir hin und her.

Ich räuspere mich. »Vielleicht als Tausch gegen eine kleine Expedition in dein Archäologiereich?«, frage ich vorsichtig. Ich bin beruhigt, dass ich Worte aneinanderreihen kann. Einen Moment hatte ich Sorge, dass mein Kopf beim Sturz doch mehr abbekommen hat, als alle dachten. Unwillkürlich taste ich an meine Stirn und schiebe den Pony so zurecht, dass die Narbe versteckt bleibt.

»Na, dann herzlich willkommen bei der Lady-Grace. Aber seid vorsichtig, sie kann ein ziemliches Miststück sein.«

Mit einer ausladenden Geste bittet er uns, näher zu kommen, und ich schaue mich genauer um. Erst jetzt entdecke ich die Schie-

nen, die von Gestrüpp eingenommen sind und in den Berg hineinführen.

»Es gibt zwei Zugänge, wie ihr sehen könnt. Der große, der weiter
zum Meer liegt, ist zugemauert, der Nebenschacht durch ein Gitter
versperrt …«, er unterbricht sich. »Na ja, meistens zumindest.«

»Du hast es nicht aufgebrochen, oder?« Effi stemmt die Hände
in die Seite.

»Nein, ich hab ein Dietrichset, wie du weißt.«

Effi deutet auf ein Schild: *Betreten verboten. Eltern haften für ihre
Kinder.*

Finley winkt ab. »Die Mine wird für Besucher geöffnet werden,
weshalb ich beschlossen habe, vorher nach interessanten Fundstücken zu suchen. Also, wie verboten kann das schon sein?« Er zwinkert. »Innen ist es kindersicher gestaltet.«

Effi schlendert zum Tisch, stellt den Korb ab und nimmt sich ein
versteinertes Fossil.

»Hey, nicht anfassen!«, beeilt sich Finley.

»Entspann dich. Ich guck doch nur. Nimm deinen Kram nicht
immer so wichtig.«

Ich muss schmunzeln. Sie wirkt ein bisschen wie ein kleines
Kind. Die schauen und erforschen eben nicht nur mit den Augen,
sondern vor allem mit dem Tastsinn. Ein Glück, dass Effi nicht
dem Impuls folgt, die zu erforschenden Gegenstände in den Mund
zu stecken.

»Effi, leg es einfach wieder hin«, wird Finley nervös und eilt zu ihr. Es entsteht eine Rangelei, die Finley gewinnt. Dann kommt er mit dem Fundstück zu mir.

»Schau. Weißt du, was das ist?«, fragt er mich.

Ich runzle die Stirn. »Sind das etwa Flügel?« Es sieht so aus, als würde sich ein Insekt in dem faustgroßen Steinbrocken befinden. Der Rumpf ist nicht mehr mit dem Rest verbunden.

»Ich vermute, hierbei handelt es sich um einen Schmetterling«, sagt Finley aufgeregt.

»Motte. Ich glaube, das ist eine Motte. Wo sind sonst die ganzen Farben hin«, kommt es von Effi und Finley verzieht den Mund zu einem Strich.

»Ich habe mal eine Biene gesehen, die in Bernstein konserviert war«, erinnere ich mich an einen Museumsausflug. Gerade als ich mit dem Finger über die Andeutung des Flügels streichen will, zieht Finley mir sein Fundstück wieder weg.

»Bernstein wirst du hier nicht finden. Am häufigsten grabe ich Dinge aus, die nach dem Unglück zurückgeblieben sind.«

»Auch Leichen?« Effis Augen werden groß.

»Nein, du Idiotin. Die Toten sind selbstverständlich alle geborgen worden.«

»Oh, sorry, dass ich gefragt habe. Mister ich-bin-euch-allen-überlegen-mit-meinem-unerschöpflichen-Wissen«, feuert Effi zurück und ein Wortgefecht entsteht, dem ich nicht weiter folge.

Ich gehe ein Stück in die Höhle, sie ist tiefschwarz. Die Schienen verschwinden einfach in der Dunkelheit.

»Warst du schon dort drin?«, frage ich Finley irgendwann, als er sich neben mich stellt und mit mir gemeinsam in diese Schwärze schaut.

»Weit hinten liegt der Lastenzug, über den damals die Pit-Ponys und die Arbeiter hinabgelassen wurden.«

»Mein Urgroßvater George hat hier gearbeitet.« Die Dunkelheit entwickelt einen Sog auf mich, dem ich mich nur schwer entziehen kann.

»Stimmt, er gehörte ja zu den Verunglückten«, erinnert sich Finley.

»Ui, was ist das denn?«, fragt Effi und hat schon wieder was vom Tisch in der Hand.

»Leg es sofort wieder hin«, motzt Finley und lässt mich alleine neben dem offenen Gitter stehen. »Kannst du eigentlich mal nicht nerven?«

»Keine Ahnung. Nerven ist eine meine Kernkompetenzen als Schwester eines überreizten großen Bruders mit Hang zu Hysterie und Größenwahn. Tu nicht so, als wärst du Professor Wichtig.«

Effi legt den kleinen Gegenstand wieder zurück und angelt nach dem Picknickkorb. Dabei fegt sie einen Pinsel hinunter, den Finley im Flug fängt. Seine grauen Augen blitzen gefährlich auf und Effi nimmt vorsichtshalber Abstand.

»Okay, okay. Gaaaanz ruhig. Kann ich dich mit einem Käsebrot von Hillary besänftigen?«, zwitschert sie nun und hüpft zu einer Gruppe Findlinge, die vor dem alten Fördergerüst stehen. »Äpfel und Eistee haben wir auch dabei.« Nicht weit entfernt stehen Pitty und Liberty bei der Kutsche und schauen prompt zu uns herüber, als sie etwas von Essen hören.

Finley schnauft, folgt seiner Schwester und hockt sich auf einen der großen Steine.

»Komm zu mir, Enola. Bei mir sitzt du auf der sicheren Seite. Nicht dass dem werten Finley die Äpfel nicht schmecken und er noch zickiger wird«, frotzelt sie.

»Hör nicht auf meine dämliche Schwester, sie ist als Kind mal vom Wickeltisch gefallen und tickt seitdem nicht richtig.« Ich muss grinsen und Effi wirft ihm einen Apfel zu, den ich fange, bevor er auf dem Boden zerplatzen kann.

Ungelenk setze ich mich auf den Stein neben dem Nachwuchsarchäologen und gebe ihm die Frucht.

»Gute Reaktion, danke dir.« In seiner Stimme schwingt nun Sanftheit mit.

»Kein Problem.« Ich reibe mir über die Arme, nicht weil mir kalt ist, sondern weil ich nicht so genau weiß, was ich sonst tun soll. Irgendwie bin ich hin- und hergerissen zwischen Neugierde und dem Wunsch, lieber allein sein zu wollen. Dabei gibt gerade Effi sich so viel Mühe.

»Und, Enola?«, fragt Finley und die Unruhe in mir verstärkt sich prompt. »Was machst du so in deiner Freizeit?«

Die Gedanken überschlagen sich in meinem Kopf. Ich striegle Hopes seidiges Fell, flechte ihr die Mähne, ziehe den Sattelgurt fest. Fege die Stallgasse, füttere sie mit Möhren. Ich kann beinahe ihre feinen Tasthaare an ihrem Maul spüren.

»Dies und das«, höre ich mich antworten und schaue in die Ferne. Dort entdecke ich einen Waggon, auf dem Geröll geschichtet ist. Er steht inmitten eines Teppichs aus Waldmieren, vollkommen einsam und deplatziert. »Ich lese gerne.«

Finley legt den Kopf schief. »Welches ist dein Lieblingsbuch?«

So, jetzt hat er mich. Ich sitze in der Falle. Es ist eine ganze Weile her, dass ich wirklich ein Buch gelesen habe. Im Krankenhaus habe ich Löcher an die Zimmerdecke gestarrt oder auf dem Tablet Filme geschaut. Dabei spielte es keine Rolle, ob ich sie schon mehrfach gesehen hatte. Hauptsache, es hatte nichts mit Pferden zu tun.

»*Black Beauty*«, kommt es mir trotzdem über die Lippen. Großartig!

»Hab ich nicht gelesen«, gibt Finley zu und ich spüre donnernde Hufe unter mir, Waldboden, der bebt. Ich kneife mir in die Nasenwurzel, will, dass dieses Gefühl aufhört. Dieses schreckliche Gefühl, jederzeit wieder zu fallen.

»Hier, iss was«, meint Effi, die mein Unbehagen durchaus regis-

triert und mir ein Brot reicht. Ich bin dankbar, dass ich etwas zu tun bekomme.

»Und? Das Monster in der Tiefe schon gehört?«, wechselt Effi das Thema.

»Alles nur wirre Geschichten«, antwortet Finley und beißt in den Apfel.

»Na, wenn du meinst, Bruderherz.«

»Meine Arbeit ist hochwissenschaftlich, Effi. Du kannst sie ruhig ernst nehmen«, sagt er mit zusammengezogenen Brauen.

»Ich nehme es sehr wohl ernst, dass du verbotene Dinge tust und dich in die Tiefen der Mine wagst, um berühmt zu werden.« Doch schon erregt etwas anderes Effis Aufmerksamkeit. »Ui, ist das dein neues Radardings?«, will sie wissen und schnappt sich das längliche Teil.

»Metalldetektor«, verbessert Finley und hat es ihr schnell wieder abgenommen. Natürlich macht das blöde Ding sofort Geräusche, als es in meine Nähe kommt.

»Nanu? Sitzt du zufällig auf einem verborgenen Schatz?«, wundert sich der Hobbyarchäologe und ich spüre, wie Hitze in mir aufsteigt.

»Nein, Enola hat Schrauben im Knie«, erklärt Effi und ich hasse es, dass Finley den Detektor noch mal über mein Bein schwenkt und sich über das Anschlagen des Geräts freut.

»Ja, ich glaube, wir haben das jetzt alle mitbekommen«, sage ich,

so freundlich ich kann, mit einem verkrampften Lächeln, das auf den Wangen schmerzt.

»Was für ein hübscher Fund für einen Schatzsucher«, scherzt Finley und macht es noch mal. Ich zügle nur mühsam den Drang, ihm das Ding über den Kopf zu hauen.

»Was lässt dich eigentlich glauben, dass du Dinge in der Mine findest, die kein anderer vor dir gefunden hätte? Immerhin waren schon einige in der Lady-Grace.« Ich fixiere seinen Blick und sein Lächeln verrutscht.

»Vielleicht waren sie nicht so genau wie ich!«

»Oder du überschätzt dich maßlos«, entgegne ich schroff und der blöde Detektor huscht doch tatsächlich erneut piepsend über mein Bein.

»Das denke ich nicht. Es wurde nur der neue Teil der Mine instand gesetzt und das eigentlich Interessante liegt im alten. Willst du eine Führung?«

»Nein danke. Ich bin Realistin. Von Träumern bekomme ich Kopfschmerzen.« Doch er lässt sich durch meine Giftigkeit nicht beirren und kommt mir erneut mit dem blöden Metalldetektor zu nahe.

»Hör lieber auf, sie zu ärgern, Finley. Sie ist Aszendent *Keine Ahnung,* man weiß nie, was die so aushecken«, sagt sie und ich schnappe nach Luft. Das hat sie jetzt nicht wirklich gesagt!

»Ich liebe Herausforderungen.« Finley grinst breiter.

»Auch wenn sie dich umbringen könnten?«, warnt Effi. »Vielleicht hat sie aber auch Aszendent *Prinzessin auf der Erbse.*«

»Hahaha, ihr seid so lustig wie 'ne Beerdigungsgesellschaft«, finde ich und stehe auf. Als ich an Finley vorbeigehe, ertönt wieder dieses Geräusch des Metalldetektors.

»Ich muss langsam mal wieder zum Cottage. Fährst du mit oder muss ich alleine fahren?« Mein Puls beginnt zu jagen. Vermutlich erschreckt mich der Gedanke, Pitty selbst zu lenken. Oder es sind die verwirrten Blicke der anderen beiden, die sich allem Anschein nach nicht erklären können, warum ich so eine Spielverderberin bin. Ich balle die Hände zu Fäusten. Was ist aus mir geworden? Wer bin ich?

»Wir haben doch noch Zeit. Wir sind doch gerade erst los«, sagt Effi vorsichtig und ich wische einen Zweig zur Seite auf dem Weg zurück zu den Ponys. Als ich mich noch mal zu den anderen umsehe, entdecke ich den riesigen Findling mit der Tafel: *In Gedenken an die Verstorbenen.*

»Jetzt warte doch mal!«, ruft Effi.

»Hat sie ihre Tage?«, höre ich Finley sagen.

»Halt die Klappe. Gut, dass dein Aszendent nach wie vor *Vollidiot* ist.«

Etwas klirrt, vermutlich die Tassen.

»Hey, ich bin doch noch gar nicht fertig mit Essen«, beschwert Finley sich.

»Wer essen will, muss lieb sein«, findet Effi und ein schlechtes Gewissen umspült mich wie eiskaltes Wasser.

Als ich aus dem Buschwerk tauche, begrüßt mich Pitty mit einem freudigen Wiehern. Liberty steht bequem und geduldig hinter der Kutsche. Sie hält sofort Ausschau nach ihrer Besitzerin, die mir keuchend folgt und bald darauf den Korb auf der Kutsche verstaut.

»Ich muss mich für meinen Bruder entschuldigen«, sagt sie und ich winke ab.

»Nein, ist schon gut. Es liegt an mir.« Und es stimmt. Ich kann einfach nicht mehr mit Menschen zusammen sein. Nicht mehr lachen und Spaß haben. Das ist vermutlich für immer vorbei.

»Ich habe gehört, du hast viel durchgemacht«, lässt Effi die Katze aus dem Sack. Oder die Mäuse aus der Sockenschublade. Ich hatte mir gedacht, dass Hillary die anderen vorwarnt. Ich seufze, krieche ins Buschwerk, um Pitty auf den Weg zu bekommen, was gar nicht so leicht ist.

»Und Finley kann einem echt auf den Geist gehen.« Effi winkt mich zu sich auf den Kutschbock. Ich klettere hinauf, sie löst die Bremse und schnalzt mit der Zunge. Pitty walzt einfach mit der Kutsche nach vorne, plättet eine junge Birke und einen Busch und wir holpern zurück auf den Weg.

»Der mit seinem Blabla. Und seinem komischen in Stein mumifizierten Schmetterling.«

Ich ahne, dass Mumifizierung doch noch etwas anderes ist, aber ich bin froh, dass Effi nicht nachtragend ist und einfach drauflosredet.

»Schmetterlinge sind auch nur hübsche Motten, findest du nicht?«, fragt sie mich und ich nicke. Denn in einem sind sich Motten und Schmetterlinge gleich: Beide sehnen sich nach dem Licht.

# Jedes Leben zählt

Diese Nacht mache ich es mir gemeinsam mit Dobby im Stall bei Pitty und Tiny bequem. Die trächtige Stute ist unruhig und obwohl man gebärende Stuten zumeist alleine lässt, damit sie in Ruhe fohlen können, machen wir es bei ihr anders. Hillary hat so viel Erfahrung, dass sie genau merkt, wann es zu Komplikationen kommt. Und ihre Intuition lässt sie so gut wie nie im Stich. Außer damals, als sie meinte, mein Goldfisch übe nur Rückenschwimmen. Da lag sie daneben und ich erwischte sie, als sie den goldigen Goldie ins Klo spülte, um ihn durch einen neuen zu ersetzen.

Während Dobby seine Krallen am Stützpfeiler wetzt, schüttle ich ein Kissen in meinem Rücken auf und ziehe mir die muffige Wolldecke höher. In Gedanken bin ich immer noch bei Effi und ihrem Bruder Finley. Ich komme mir so schäbig vor, weil ich einfach abgehauen bin und auch Effi gegenüber kaum noch zwei Worte gesagt habe auf dem Heimweg. Und auch wenn dieses Gefühl mittlerweile vertraut ist, weil ich mich ebenso gegenüber Sarah und den anderen und sogar meiner Mutter verhalte, nagt es sehr an mir.

Dobby springt zu mir auf die Decke, angelt nach meinen Füßen. Er sucht immer öfter meine Nähe und lässt sich sogar streicheln, ohne mir in die Finger zu hacken.

»Na, mein Freund? Monster fühlen sich untereinander wohl, nicht wahr?«, sage ich zu ihm und er stimmt mir zu. Und auch wenn Pitty schockiert wirkt bei dieser Aussage und mich tadelnd über seine Boxtür anschaut, sehe ich mich gerade so. Als mürrisches Monster mit Haaren auf den Zähnen.

Ich schaue zu Tiny, die seit zwei Stunden nicht mehr fressen mag und immer mal wieder ihren dicken Bauch anschaut und dann mich. Sie tut mir leid, ganz offensichtlich fühlt sie sich nicht wohl. Hillary hatte den pH-Wert der bereits austretenden Milch mithilfe eines Teststreifens gemessen. Er zeigte deutlich, dass es nur noch Stunden dauern kann. Ich versuche, ganz leise zu sein, klappe Georgies Buch auf und lese mit Taschenlampe vor mich hin, während Dobby nun mit seinen Tatzen anfängt, meinen Rücken zu bearbeiten. Ein beruhigendes Gefühl in Verbindung mit dem leisen Schnurren.

Vielleicht sind Stunden vergangen, vielleicht Tage. Die Dunkelheit wird zu einem Ungeheuer und ich fürchte mich vor dem Moment, in dem ich keinen Brennstoff für die Lampen mehr haben könnte. Meine Gedanken wandern immer wieder zum Verbindungsgang. Ich hatte Stimmen hinter dem eingestürzten Teil hören können und so laut gerufen, bis mir jemand antwortete.

»Georgie, bist du das?«, erkannte ich dann Jones, einen der anderen Kohleschlepper, mit dem ich oft zusammenarbeitete. Ich

war so erleichtert, dass mir Tränen in die Augen schossen. Er sprach von Feuer und Explosionen und versprach, Hilfe zu holen. Er wollte in den alten Förderschacht, um zum Ausgang der alten Grube zu gelangen.

Nun warte ich wieder hier im Schutze der Stallung mit Lucky. Ich fülle dem braven Wallach neues Wasser ein und er säuft den Eimer in einem Zug leer. Den Hafer teilen wir, er bekommt drei Hände voll.

»Wir müssen sparsam sein«, sage ich ihm und tätschle seinen Hals. Ich glaube, er versteht mich genau. Denn er bettelt nicht um mehr, wie er es sonst tut. Scharrt nicht mit den Hufen, bis man ihm einen Nachschub gönnt.

Ich versuche, an etwas Schönes zu denken, während wir beide in den Berg hineinlauschen und hoffen. Das gleichmäßige Atmen von Lucky wirkt beruhigend und es ist schön, dass auch er ständig die Nähe zu mir sucht, immer Körperkontakt hält, damit wir beide uns nicht einsam fühlen.

»Sie werden uns finden und rausholen«, sage ich zu dem Pony, das sich neben mich gelegt hat. Jones wird es bestimmt irgendwie hinausschaffen, ganz sicher. Und dann wird er Hilfe schicken. Sanft lege ich mich an Luckys Schulter, schreibe meine Gedanken weiter auf. Es hilft mir, die Ruhe zu bewahren.

Luckys weiches Fell tröstet mich und ich erinnere mich an die ersten Tage mit ihm unter Tage.

Man hatte mir nicht genau gesagt, wie viele volle Wagen von dem Pit-Pony gezogen werden konnten, und ich koppelte ganze sechs aneinander. Lucky registrierte das falsche Mehrgewicht sofort und bewegte sich keinen Meter von der Stelle. Er schlug nur trotzig mit dem kurz geschnittenen Schweif und blieb stehen. Egal, wie gut ich ihm zuredete oder wie sehr ich mit etwas Leckerem lockte, er wurde immer sturer. Von der Peitsche einmal abgesehen, versuchte ich alles, um ihn umzustimmen. Ich schob ihn an, zog an den Zügeln, kitzelte seinen Bauch. Denn ich bekam langsam, aber sicher Angst, gefeuert zu werden, wenn ich nicht mal mit einem Pony zurechtkam.

Ein Shetlandpony kann das Doppelte seines Eigengewichts ziehen, so stark ist es. Doch es ist auch charakterfest genug, um dem Menschen einen Vogel zu zeigen, wenn er es mit der Aufgabe übertreibt. Das war meine erste Lektion.

»Junge, wo bleibst du denn?«, hatte Charles gefragt, als er besorgt nach mir und dem Pony suchte. Es genügte ein flüchtiger Blick über die Waggonreihe und er lachte mich aus.

Lucky schielte nach hinten, dachte sich bestimmt seinen Teil.

»Armer kleiner Gaul. Solltest du so ackern?«, fragte Charles liebevoll und wuschelte Luckys verrußten Schopf.

»Georgie, der kleine Gaul lässt sich nicht veräppeln. Der ist doch keine Eisenbahn.« Sofort, sobald der zu viel angehängte Waggon abgekoppelt war, setzte Lucky sich in Bewegung.

»Woher hätte ich das wissen sollen?«, hatte ich gemault, weil ich mir ebenso dumm wie auch vorgeführt von einem Pony vorkam. Doch der Groll hielt nicht lange an. Denn Lucky war ein verlässlicher Freund, der genau wusste, worauf es hier unten ankam. Und ich tat mein Bestes, um auf seine Sicherheit zu achten. Genau prüfte ich die Schienenstrecken, die wir vor uns hatten. Und wir teilten meine Brote, wenn wir pausierten.

Nach etwa zwei Jahren mit Lucky an meiner Seite keimte bereits der Wunsch in mir, ihn nach Schichtende mit nach draußen zu nehmen. Aber dieser Luxus blieb den Ponys bereits seit einigen Jahrzehnten verwehrt. Man empfand es als einfacher, die Tiere unter Tage zu behalten. Es gab eine gute Belüftung zu den Ställen und Frischwasserversorgung, da das Grubenwasser, das aus dem Boden sickerte, nicht zum Trinken geeignet war.

So kam es, dass die Tiere nur zum Beschlagen in ihren Körben nach oben fuhren, da ein Funkenflug bei Einsetzen der Hufeisen verheerende Folgen haben konnte. Denn die leicht entzündlichen Gase lagen zwar oft in der schweren Luft, doch das nahm niemand wahr. Sie hatten keinen Geruch.

Tatsächlich schrieb ich einen Brief an den Besitzer der Mine, den Grafen Grace, der sie nach seiner Frau benannt hatte. Ich bat, die Einsatzdauer der Ponys zu verringern. Und sie regelmäßiger ans Tageslicht zu holen. Doch ich bekam nie eine Antwort.

Und jetzt, in diesem Moment, in dem ich selbst nicht weiß,

wann und ob ich jemals die Sonne wiedersehen werde, wird mir das Ausmaß dieses Schicksals noch bewusster.

»Es tut mir leid, Lucky«, flüsterte ich ihm zu und griff in seine dicke Stoppelmähne. Er spitzte die Ohren, wurde unruhig.

»Niemand sollte so mit dem Leben eines anderen Wesens umgehen. Niemand. Denn jedes Leben zählt und ist wertvoll«, war ich mir sicher. Und während Lucky lauschte, fiel nun auch mir ein seltsames Geräusch auf. Es hörte sich an wie ein Brüllen. Der Schrei eines riesigen Tieres, das sich innerhalb der Mine bewegte und mit kratzigen Krallen über Stein schabte. Oder vielleicht verlor ich auch einfach nur den Verstand ...

Als Dobby unerwartet von der Decke springt und einen Sprint zu den Heuballen macht, klappe ich das Buch zu. Eine Gänsehaut zieht sich wegen des Gelesenen über meinen Nacken und ich muss mich erst mal daran erinnern, dass ich nicht wie Georgie in einer Mine festsitze. Und daran, weshalb ich hier im Stall bin. Ich schaue vorsichtig aus der Entfernung über die Boxenwand und bemerke, dass Tiny schneller atmet. Sie legt sich in die Späne und steht wieder auf. Dann schlägt sie unruhig mit dem Schweif, ein eindeutiges Zeichen, dass sie Wehen hat. Ich schaue auf die Uhr an der Stallwand, es ist beinahe zwei Uhr. Fahles Mondlicht fällt durch die Fensterscheiben und ich kann genau sehen, wie Tiny mit den Augen rollt.

Ganz leise stehe ich auf, schleiche zur Stalltür und schlüpfe hinaus in die Nacht. Es ist verdammt kalt und der frische Wind lässt mich augenblicklich zittern.

»Hillary!«, rufe ich und stürze ins Haus. Meine Tante sitzt auf dem Sessel vorm Kamin, einen Schuhkarton mit Unterlagen auf dem Schoß. Sie schläft mit halb geöffnetem Mund. Als Kinder haben wir uns immer einen Spaß daraus gemacht, ihr Gänseblümchen oder Lavendel in den Mund zu stecken, bis sie aufgewacht ist und nur noch der Stängel herausragte.

»Hillary, ich sollte doch Bescheid sagen, wenn sich was tut.« Sacht lege ich meine Hand auf ihre Schulter und sie grunzt erschrocken. »Es geht los, ich denke, Tiny ist so weit«, wiederhole ich und der Inhalt des Kartons ergießt sich auf den Boden. Fotos von Shetlandponys und Urkunden stranden an meinen Füßen.

»Na, das wird ja auch Zeit, Himmelherrgottnocheins«, findet meine Tante und ist verdammt schnell auf den Beinen. Einen Moment schaut sie sich verwirrt um, als müsse sie sich orientieren. Dann macht sie einen langen Schritt über die Fotos hinweg, schnappt sich die Handtücher und das Hebammenset, das sie immer bereithat.

»Lass alles liegen, aufräumen können wir später«, sagt sie, als ich mich gerade bücken will. Eines der Fotos ist uralt. Wenn mich nicht alles täuscht, zeigt es Georgie mit seinem ersten Shetlandpony-Nachwuchs auf einer Körung. Ein robuster dreifarbiger Scheckhengst mit stolzer Haltung.

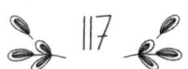

»Wir sollten Wetten abschließen, ob es ein Hengst oder eine kleine Stute wird«, meint Hillary und wir eilen zurück zum Stall. Auch wenn meine Tante versucht, einen auf cool zu machen, spüre ich nur zu genau ihre Nervosität.

Dobby geht bereits laut schnurrend vor der Box von Tiny auf und ab. Pitty in der Nachbarbox ist wach geworden und schaut uns erwartungsfroh an. Tiny liegt im Einstreu und presst. Etwas stimmt nicht, das sehe sogar ich. Kälte rieselt mir den Rücken hinab.

»Na, dann wollen wir mal sehen, was hier los ist«, brummt Hillary, öffnet ganz langsam die Boxtür. Die Stute liegt mit der Kehrseite zur Wand, etwas bläht sich unter ihrem Schweif.

»Verdammt.« Das ist nicht das, was man in solch einer Situation hören will.

»Ihr Baby steckt fest«, erklärt meine Tante und geht in die Hocke. Sie nähert sich der kleinen Stute mit Bedacht, die ihre braunen Augen vor Schmerz weit aufgerissen hat. Sie pumpt und schwitzt. Sie tut mir so leid.

»Was sollen wir tun? Soll ich den Tierarzt anrufen?« Ich beiße auf die Innenseite meiner Wange. Wage es nicht, näher zu kommen.

»Das dauert zu lange. Hier geht es um Minuten«, antwortet Hillary und tastet zuerst den Bauch der Stute ab.

Mir ist klar, dass nicht nur das Baby sterben könnte, sondern auch Tiny.

Und plötzlich bin ich nicht mehr wirklich hier bei dem gebärenden Pony und meiner Tante, sondern befinde mich in einer Art Seifenblase: *Ich liege auf einer grauen Straße. Blanker Asphalt drückt sich in meine Wange und ich kann mich nicht rühren. Mühsam stelle ich meinen Blick scharf, erkenne die Kühlerhaube eines schwarzen Pkws, der nicht weit von mir entfernt steht. Sie sieht verbeult aus, deformiert. Wie mein Bein, das unnatürlich verdreht ist. Ich fühle keinen Schmerz, dumpf pocht mein Puls in meinen Ohren. Dann taucht Sarah in meinem Sichtfeld auf. Ihre Mascara ist verlaufen, zieht graue Spuren über ihre markanten Wangen.*

*»Enola, nicht bewegen«, beschwört sie mich und ein fremder Mann geht neben mir in die Knie. »Der Krankenwagen ist unterwegs«, sagt er, während Sarah heult. Ihre Tränen treffen auf meine Wange, ihre Finger streicheln meine.*

»So ist es brav, kleine Tiny«, dringen nun Hillarys Worte zu mir durch. Sie dreht die Stute von der Wand weg. Es sieht aus, als schöbe sie ein Bein des Fohlens wieder etwas zurück in den Bauch, um dann beide in den Geburtskanal zu ziehen. Und dann hilft sie Tiny, innerhalb der Presswehen das Baby auf den richtigen Weg zu bringen. Irgendwann erscheint das Köpfchen, eingefasst in die Eihaut.

*Ich blinzle, bin wieder auf dem Asphalt. Ich stelle meinen Blick scharf, höre Hopes Schrei. Es ist kein Wiehern, wie ich es kenne. Dieses Geräusch kehrt mein Innerstes nach außen.*

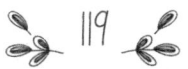

»Gut, Tiny. Schön pressen«, höre ich Hillary. Ich spüre, wie mir Tränen aus den Augen treten, sich in meinen Wimpern verfangen. Die Stute stöhnt und das Fohlen flutscht auf die Welt.

Ich stehe ganz still, wage es nicht zu atmen, während Hillary die Eihaut über der Nase entfernt und dann Abstand zwischen sich und Tiny bringt. Die kleine Stute sieht mehr als verdutzt aus und beginnt zögerlich, ihr Baby zu beschnuppern.

Warum rührt es sich nicht? Es liegt vollkommen reglos da.

Ich schaue zu Hillary, sie sieht angespannt aus und meine Kehle wird noch enger. Sollte es eine Totgeburt sein? Das darf einfach nicht sein.

*Ich liege erneut auf dem Asphalt und höre mich selbst nach Hope fragen. Sarah antwortet nicht, mahnt mich, still zu liegen. Ihre Hände legen sich an meine Wangen, als ich trotzdem versuche, in die Richtung zu schauen, aus der ich mein Pferd eben noch gehört habe.*

Es ist Dobby, der die Dunkelheit bemerkt, die mich beginnt zu umkreisen. Er setzt sich auf meine Füße und blickt zu mir hoch, fordert mich auf, ihn zu streicheln. Und ich tue es, obwohl mir nicht danach ist. Ich würde mich am liebsten in Luft auflösen.

Tiny steht auf. Dabei reißt die Nabelschnur und nach unendlich langen Sekunden bewegt sich das kleine Fohlen.

»Gut gemacht, kleine Tiny«, freut sich Hillary und atmet auf. Dobby maunzt und schaut mich an, als wolle er sagen: »Hab ich doch gesagt, dass alles gut wird.« Und überhaupt hält sich das

Katzentier für sehr schlau und ich nehme ihn, ohne nachzudenken, auf den Arm. Manisch streichle ich seinen dicken Kopf und Dobby ist viel zu überrascht, um mir sofort eine zu langen.

»Ist alles in Ordnung mit dem Kleinen?«, frage ich und Hillary schnappt nach Luft, als sie mich ansieht.

»Mit dem Fohlen ja, aber mit dir gleich nicht mehr, wenn du den Kater nicht sofort runterlässt.«

Ich senke den Blick, gucke direkt in Dobbys angespannte Miene und nehme sein Knurren wahr. Oh, verdammt!

»Okay, sorry«, hauche ich und setze ihn auf die Mauer der Box. Sofort nimmt er Abstand und putzt sich, als ekle er sich plötzlich vor zu viel Menschengeruch. Komische Katze.

Ich stelle mich neben Hillary, die in der Boxtür steht. Sie nimmt meine Hand und drückt sie.

»Schau, wie schnell das geht. Die Kleine versucht schon, auf die Beine zu kommen.« Es sieht so putzig aus, wie es einen Purzelbaum nach dem anderen macht.

»Ein Mädchen also?« Es ist zu erahnen, was für eine Farbe es mal bekommen wird. Falbschecke mit Aalstrich auf dem Rücken.

»Ein kleines Wunder, nicht wahr?«

Ich nicke.

»Willst du den Namen aussuchen? Er muss mit M beginnen.«

»Ja, gerne.«

»Hach, ich bin so froh, dass du hier bist und diesen Moment

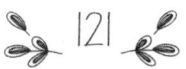

mit mir teilst, Enola«, sagt Hillary und legt den Arm um meine Mitte.

»Ich auch.« Sacht bette ich meinen Kopf an ihre Schulter.

Irgendwann schafft das Fohlen es auf die Beine, indem es sich an der Boxenwand abstützt. Die Vorderbeine hat es weit gestreckt wie beim Kompliment. Bei diesem Anblick streife ich die Flashbacks von eben von mir ab, dränge sie tief in die hinterste Ecke meines Selbst und verschließe die Tür.

# Starkregen

»Das ist das niedlichste Ponybaby, das ich jemals auf dem Arm hatte«, juchzt Effi zwei Tage später. Ich muss zugeben, als »Neumutti« macht sich Tiny wirklich gut. Sie ist nur zweimal aus Versehen auf ihre Tochter Midnight getreten und lässt sie zu jeder Zeit Milch trinken. Und sie ist vollkommen entspannt, wenn wir Menschen uns der Kleinen nähern. Und das ist leider oft notwendig, denn sie hat gesundheitliche Probleme. Eine Infektion hat ihr linkes Auge befallen, weshalb sie alle drei Stunden eine Augensalbe aufgetragen bekommen muss. Noch dazu kriegt sie Vitamine per Nuckelflasche.

»Stell dich jetzt mit Midnight auf die Waage«, fordert Hillary von der hilfsbereiten Effi.

»So, wie es sich anfühlt, hat sie ganz sicher schon zugenommen. Die Kleine ist doch gefühlt ständig an der Milchbar von Mutti«, vermute ich und Effi knutscht das Fohlen. Es ist erstaunlich, wir haben wirklich viele Pferdebabys, aber Midnight hat etwas ganz Eigenes an sich, das Effi in den Bann zu ziehen scheint. Zum Beispiel ist sie jetzt schon verdammt frech für ihr Alter. Wenn sie auch noch nicht perfekt laufen kann, so bockt sie doch, sobald jemand ihren Popo berührt. Sogar wenn Mutterstute Tiny sie dort stupst oder putzt, pöbelt die Kleine rum.

»Oh, ich liebe dich, du kleiner Pummeluff«, säuselt Effi verliebt und hält das Pony wie einen Welpen auf dem Arm. Und Midnight scheint das total zu gefallen, sie legt ihr Kinn auf Effis Schulter und schließt die Augen, während sie gestreichelt wird. So sweet.

Ich mache ein Foto für Sarah und schicke es ihr. Sie plant bereits ihre eigene Schottlandreise mit Ponyknuddeln. *Wer braucht schon eine Delfintherapie, wenn er zu Hillary kann*, hatte sie geschrieben.

»Okay, was sagt die Waage nun?« Hillary lässt den Kugelschreiber über dem Heft schweben.

»Die Waage?«, hakt Effi nach, während sie auf die Ziffern starrt. »Öhm, man sollte ihr die Rechte verlesen, dass alles, was sie sagt, vor Gericht gegen sie verwendet werden kann. Denn ich bin mir sicher, sie lügt.«

Ich schaue auf die Anzeige. Sie zeigt runde sechsundsechzig Kilo an. Was bedeutet, einer von beiden hat beträchtlich an Gewicht zugelegt. Im nächsten Moment bekomme ich das Fohlen in den Arm gedrückt und die Waage offenbart, dass anscheinend nicht nur das Fohlen ordentlich gefuttert hat.

»Super, dann passt das alles«, sagt Hillary zufrieden und Effi schnauft.

»Ich bin dafür, dass Enola das nächste Mal den Job alleine macht. Wie kann es sein, dass sich ein kleines Stück Schokoladentorte mit Extrasahne so sehr in Zahlen widerspiegelt? Das ist ja frustrierend!«

»Worüber machst du dir denn einen Kopf?« Ich runzle die Stirn.

»Du bist so hübsch. Dein Gewicht sollte dich nicht kümmern.« Und davon bin ich überzeugt. Es kommt auf so viel mehr an als auf die perfekten Maße. Gesundheit, zum Beispiel, ist viel wichtiger.

Plötzlich hängt Effi mir um meinen Hals.

»Du bist so ein Schatz, Enola«, flüstert sie und haucht mir einen Kuss auf die Wange. »Ich finde dich auch superhübsch. Finley übrigens auch.« Sie zwinkert mir zu und die kleine Randnotiz lässt mich erröten.

»Wollen wir gleich zum Meer?«, fragt sie mich und strahlt wie die Sonne, die sich heute einmal mehr schüchtern zeigt.

»Es ist perfektes Wetter, um den Wellen zuzusehen. Wir bekommen eine Sturmflut. Das musst du mindestens einmal in deinem Leben gesehen haben«, sagt sie voller Inbrunst, sodass ich gar nicht anders kann, als zuzusagen. Wie nass kann man schon werden?

Etwa eine Stunde später waten wir in Regencapes gehüllt und mit Gummistiefeln ausgerüstet durch Pfützen über die weitläufigen Wiesen zum Strand. Regen klatscht mir ins Gesicht. Mein Knie hat auch schon die Nase voll vom Spazierengehen.

»Ist das ein mordstolles Wetter«, freut sich Effi und ich stufe sie nun doch einmal mehr als leicht verrückt ein.

»Ja, deine Stute ist auch total begeistert.«

Die sonst immer nette Liberty, hübsch verpackt in eine Regendecke, hat ihre Ohren angelegt und die Nüstern säuerlich hochgezogen. Nur widerwillig lässt sie sich über die Straße zum felsigen

Strand führen. Dann und wann bleckt sie die Zähne und droht nach Effi zu schnappen, doch die ignoriert das schlechte Benehmen ihrer Stute einfach. Oder sie bemerkt es nicht, ich bin nicht sicher.

»Ach, ist das herrlich, wie Njord das Meer wüten lässt.«

Sie stoppt auf einer mit verdorrtem Gras überzogenen Anhöhe. Von hier aus hat man den besten Blick auf den rauen Strand mit seinen versprengt liegenden Steinen und der Felsformation, die wie eine Schlange ins Meer ragt. Die Wellen brechen sich an ihr, schießen viele Meter in die Höhe. Salz liegt schwer in der Luft, vermengt sich mit dem Geschmack des Regens.

»Du meinst Poseidon, den Gott des Meeres?«, hake ich nach und schaue Effi fragend an. Sie wischt sich Wasser aus dem Gesicht.

»Nö, ich meine schon den nordischen Gott Njord, den Gott des Windes und des Wassers. Der ist Schutzpatron der Seefahrer für jeden Nordmann, musst du wissen. Wer will sich hier am Nordmeer schon auf einen griechischen Gott verlassen?« Sie stößt einen abgehackten Laut aus.

»Stimmt«, murmle ich und staune über die Kraft, mit der die Wellen ans Ufer rollen. Das aufgebrachte Meer hat seine eigene Symphonie. Laut und melodisch.

»Wuhuuuuh!«, jubelt Effi und wippt auf den Fersen. Ihre hellen Locken liegen klatschnass an ihren erhitzten Wangen. Liberty senkt den Kopf, versucht, uns als Schutzschild gegen den Regen zu verwenden. Die arme Stute hat nicht mal Lust, Gras zu zupfen.

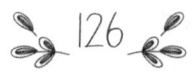

»Bei so einem Wetter kannst du alles, was dich runterzieht, loslassen und in den Sturm brüllen«, sagt Effi und schaut mich erwartungsvoll an. »Wollen wir es versuchen?« Kurz fühle ich mich Liberty solidarisch und möchte ganz schnell weg hier.

»Ich weiß nicht …« Meine Hände ballen sich zu Fäusten.

»Was kann man da nicht wissen? Weißt du nicht, wie man schreit, oder weißt du nicht, wo du anfangen sollst?«

Effis Aufforderung trifft mich mitten in der Magenkuhle.

»Ich weiß, da gibt es einiges, über das du nicht redest. Aber irgendwie muss es doch mal raus«, findet sie und strafft sich neben mir, legt die Hände wie einen Trichter vor ihren Mund und heult mit dem Wind. Im Gegensatz zu Liberty zucke ich kurz zusammen. Das Pferd kennt das Prozedere also schon.

»Komm, mach mit. Wölfe heulen nie alleine!«

Der Regen kommt jetzt von vorne, die Tropfen stechen auf der Haut und in den Augen. Ich blinzle. Und dann lasse ich auf einmal los. Ich stimme ins Geheul mit ein. Ich brülle und jaule, wie es kein Wolf besser könnte. Und mit den Schreien öffnet sich die Tür in meinem Inneren einen Spaltbreit: Hope. Sie fehlt mir so sehr.

Wenn ich die Augen schließe, rieche ich ihren Duft, taste ihr weiches Fell. Es fühlt sich an, als ziehe plötzlich ein halbes Leben an mir vorbei. Ich bin wieder dabei, als wir sie vom Anhänger geführt haben und sie aufgeregt umhertänzelte. Es war unbeschreiblich damals, dieses Band zwischen uns, das sich so schnell knüpfte. Ich

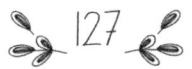

denke an die Nacht, in der sie eine Kolik hatte und ich bei ihr in der Box schlief, aus Angst um sie. Am nächsten Morgen weckte sie mich, in dem sie mir ihren Atem ins Gesicht pustete, und ich war selig, dass sie übern Berg war.

Effi neben mir holt erneut tief Luft, brüllt weiter und ich tue es ihr gleich. Unsere Schreie schwellen an. Ich frage mich, was sie sich wohl gerade von der Seele brüllt. Unsere Blicke treffen sich. Der Türspalt in meinem Inneren wird weiter.

Meine wunderbare Hope war ein Jahr bei mir, als ich das erste Mal auf Inlinern mit ihr ins Gelände fuhr. Sie war so verdammt zuverlässig und hatte echt Spaß, wenn sie mit vollem Tempo neben mir herfetzte. Wir waren ein perfektes Team. Meine Hope und ich.

Und ich vermisse sie! Ich vermisse sie, ich vermisse sie!

Der Regen nimmt zu. Meine Emotionen tosen mit den Wellen und erinnern mich so klar an den Moment, in dem wir mit dem Auto kollidierten. Ich fühle wieder die enorme Wucht, die mich aus dem Sattel katapultierte. Und die Schwärze, die darauf folgte.

Effi greift meine Hand, sie ist eiskalt und ich hole tiefer Luft. Der Schrei, den ich aussende, spiegelt den Schrecken wider und salzige Tränen mischen sich mit Starkregen. Und als mir die Luft ausgeht, ist da nicht nur Leere in mir, sondern etwas anderes. Ein Gemisch aus Liebe, Trauer und Benommenheit. Und dennoch tut es gut, dies alles zu fühlen.

»Willst du drüber reden?«, fragt Effi irgendwann in die Stille zwischen diesem ganzen Lärm.

»Der Unfall, er hat alles verändert«, beginne ich zögerlich und Effi hält immer noch meine Hand.

»Kann ich mir vorstellen.«

»Deine Liberty ist Hope sehr ähnlich, weißt du«, beginne ich, von meinem Pferd zu sprechen. Das erste Mal nach dem Unglück.

»Wirklich? Und ich dachte, so eine dusselige Nuss wie meine Liberty gibt es nur einmal im Leben.« Effi lächelt schief und Liberty wünscht sich wahrscheinlich öfter, sie könne sich die Ohren zu halten. Sie schüttelt sich. Wasser perlt von ihrem Schopf und rinnt über die Regendecke.

»Hope war für jeden Schabernack zu haben. Ich hab ihr Tricks beigebracht. Sie konnte sich auf Kommando hinlegen und ich durfte aufsteigen.« Manchmal schnupperte sie erst ausgiebig an meinem Fuß und versuchte hineinzubeißen, bevor sie sich erhob. Und oft musste sie mit sich ringen, um nicht in einer Übersprungshandlung nach dem Aufstehen loszubocken.

»Das ist cool. Liberty wälzt sich immer, wenn ich das versuche. Als wolle sie mich unter sich begraben und umbringen oder so.« Sie lacht trocken und schaut sich nach ihrem Pferd um. »Willst du mich umbringen?«

Liberty seufzt und ich könnte schwören, sie verdreht die braunen Augen.

»In diesem Moment …?«, überlege ich und betrachte das patschnasse Pferd. »… vermutlich schon. Sie mag Nässe nicht sonderlich, oder?«

»Mein Gott, ich verlange ja nicht, dass sie ihr Seepferdchen macht. Aber ein kleiner Regenspaziergang sollte doch kein Problem sein. Wir leben in Schottland.« Jetzt ist es Effi, die seufzt und uns auffordert zu gehen. »Also gut, hier lang, dann kommen wir bald wieder zum Cottage.«

Während wir langsam zurückgehen, der Regen abebbt und die Luft kühler wird, erzähle ich von dem Unfall. Wie Hope mir wegen dieser verdammten Wildschweine durchging und ich die Kontrolle verlor. Effi ist einfach nur da, hört zu und ist ganz bei mir. Ohne aufdringlich zu sein.

Und dann will ich von ihr wissen, was sie in den tosenden Sturm und in die brechenden Wellen gebrüllt hat.

»Ich?«

»Ja, du.«

»Na gut, aber verrate es bloß nicht weiter.«

Ich halte ihr meine Hand zu einem Kleinen-Finger-Schwur hin. »Versprochen.«

Verlegen und auch etwas schelmisch sieht sie mich an. »Ich hab gegenüber ein paar Schulkameradinnen behauptet, Pferde könnten rechnen. Und jetzt soll ich das auf dem Wochenmarkt vorführen.«

Mein Mund formt ein O.

»Ja, ja, ich weiß. Das wird eine ärgerlich schwere Aufgabe. Vielleicht sollte ich es eher mit Pitty versuchen als mit Liberty.« Sie schaut sich zu ihrer Stute um. »Nichts für ungut.«

»Uns fällt schon was ein«, sage ich.

»Uns? Das heißt wir …?« Sie deutet auf mich, auf sich und wieder auf mich.

»Natürlich«, antworte ich und Effi knutscht mich erneut. »Ist dir denn noch nie aufgefallen, dass Pitty genau drei Mal mit dem Huf scharrt, wenn er Kekse wittert?«, erinnere ich sie und ihre Brauen schieben sich nachdenklich zusammen.

»Und wenn er Möhren sieht, wippt er genau ein Mal mit dem Kopf und zieht die Lippe hoch.«

»Ich wusste es, du bist ein Genie«, findet Effi. »So wird das was mit den Matheaufgaben«, freut sie sich und beginnt, ihren Auftritt zu planen.

Zurück bei Hillary, verfrachten wir Effis Stute neben die Boxen zu Pitty und den Stuten in den Stall. Sie wird abgerieben und bekommt eine Extraladung Heu und Hafer, was sie endlich milde stimmt. Nach einer Knuddelattacke auf Midnight gehen auch wir ins Haus. Meine Tante finden wir in meinem Zimmer – inmitten eines Chaos aus Papieren und Fotoalben hockt sie auf dem Boden.

»Wir sind daha, tralala!«, singt Effi und reißt die Augen auf. »Wow, hier sieht's ja aus wie bei mir zu Hause.«

Ich reiche ihr ein Handtuch, das ich aus dem Bad geholt habe.

»Da seid ihr ja wieder.« Hillary wirkt vergnügt, hält ein vergilbtes Papier in der Hand und wedelt damit herum. »Na? Schwimmhäute bekommen?«

»Noch nicht, aber es war knapp«, gebe ich zu und rubble mein nasses Haar.

»Liebe Hillary, gehe ich recht in der Annahme, dass dein Buchregal geniest hat, oder wie kommt es, dass der gesamte Inhalt auf dem Boden liegt?« Effi versucht, aufs Bett zu kommen.

»Ich hab endlich gefunden, was ich suche«, freut sich meine Tante und zieht die Beine unter den Po. Sie wippt hin und her und macht Tanzbewegungen.

»Dies, meine Damen, ist der Beweis. Und wie ich schon wusste, der Brunnen steht ganz klar auf meinem Grund und Boden und ist genau hier eingetragen«, sagt sie und tippt auf eine Stelle oben rechts. »Noch dazu wurde Ellis Eltern damals nur ein Nutzungsrecht erteilt, das auch noch zeitlich begrenzt war.«

»Das ist doch super, dann darfst du ihn also tatsächlich selber nutzen, wie du lustig bist«, freut sich Effi und Hillary nickt.

»Richtig. Ich sag ja gar nicht, dass sie ihn nicht auch nutzen kann. Aber sie darf es mir hiermit nicht mehr verbieten.« Hillary klatscht in die Hände. »Tada!«

Wie ein Blitz flitzt plötzlich Dobby an uns vorbei in den Flur. Ich hatte ihn gar nicht unterm Bett hocken sehen und es wurde ihm hier wohl eindeutig zu viel mit uns. Dabei wirbelt er Fotos durch-

einander und ich hebe neugierig eines davon auf. Es ist schwarz-weiß und zeigt drei unscharfe Gestalten in einem Stollen. Ein junger schlaksiger Junge stützt sich auf ein weißes Pony, das Zaumzeug mit Scheuklappen und einer Art Schutzmaske trägt. Es sieht seltsam aus, fast wie aus einem Steampunk-Szenario. Die zwei anderen Männer lachen, legen sich freundschaftlich die Arme um die Schultern.

»Das ist George mit Lucky. Es wurde eine Woche vor dem Unglück aufgenommen«, sagt Hillary und tippt auf den Kerl neben dem Pony.

»Irgendwie erinnert er mich an jemanden, den ich kenne«, überlege ich und Effi zupft es mir aus der Hand.

»Du hast recht, ich weiß auch, an wen«, sagt sie und schnalzt mit der Zunge.

»An wen denn?«

»Dich.«

»Quatsch.«

Ich betrachte das Bild genauer und muss plötzlich feststellen, dass sie doch recht hat. Ich habe dieselbe Augenpartie, das gleiche spitze Kinn und die hohen Wangenknochen.

»Tatsächlich finde ich, dass unser Opa George einiges an deine Mutter vererbt hat, was bei dir noch mehr zum Tragen kommt«, springt Hillary ihr bei und tätschelt mein krankes Knie.

»Wie war Uropa so?«, frage ich und versuche, mir vorzustellen, wie er lächelt. Mir vielleicht sogar zuwinkt.

Ob er die gleichen Grübchen auf den Wangen hatte, wenn er gelacht hat?

»Er war sehr liebenswert, ehrlich und tapfer«, sagt meine Tante sanft.

»Ja, das muss er wohl gewesen sein«, antworte ich. Denn zu seinen Zeiten war es ganz und gar nicht leicht zu leben. »Wann wurde George geboren?«, frage ich.

»Am 9. 9. 1929. Er war erst sechszehn, als er in die Mine ging.«

»Weil er die Familie unterstützen wollte, oder?«, schließe ich daraus.

»Ja. Die Leute waren sehr froh, dass es die Arbeit in den Kohleminen gab. Neben dem Schiffsbau und der Milchindustrie war es nach dem Zweiten Weltkrieg die stärkste Wirtschaftskraft. Allerdings begann auch sie, in den Fünfzigern ziemlich zu schwächeln. Es gab in Schottland doppelt so viele Arbeitslose wie in England. Und ausgerechnet zu der Zeit begann George, dafür zu kämpfen, die Grubenponys zu befreien. Ein Kampf gegen Windmühlen.«

»Das kann ich mir vorstellen«, antworte ich ihr.

»Aber immerhin hat er mit Großmutter Mary eines der ersten Erholungszentren für Grubenpferde eröffnet. Es traten zu der Zeit neue Tierschutzgesetze in Kraft und jedes Pferd musste nach einem Jahr an die Oberfläche, um Urlaub zu machen und sich zu erholen.«

»Das ist großartig.«

»Weißt du, das eigentlich Grausige an dem Unglück der Lady-Grace-Mine war, dass die Verantwortlichen die Eingänge zumauern ließen, obwohl längst nicht alle aus den Schächten geborgen waren«, erinnert sich meine Tante. Ihr Blick wird leer, heftet sich an die Gardine vor dem Fenster.

»Wieso haben sie das getan?«, frage ich fassungslos.

»Wegen des Feuers, sie mussten es ersticken, es brannte unkontrolliert im Inneren und niemand wusste, was es noch anrichten konnte. Und ich denke, man nahm ohnehin an, dass niemand die Explosion überlebt haben konnte. Es gab sogar Opfer über Tage, als die Druckwelle aus der Mine schoss und die Förderbänder und Pumpen zerstörte.«

»Die hatten Angst, dass der Drache rauskommt«, ergänzt Effi mit leuchtenden Augen und kaut an ihrem Fingernagel. »So sagt es die Legende«, fügt sie an, als Hillary protestieren will.

»Wie auch immer, George hat nur überlebt, weil er sich mit Lucky im provisorischen Stall verkrochen hatte und es eine Frischluftzufuhr gab, die intakt blieb. Er hatte einen Schutzengel.«

»Oder sauviel Glück«, sagt Effi.

Mir fällt die kleine gläserne Rose ein, die bei dem Tagebuch lag. Ich stehe auf, gehe zum Nachttisch und wickle sie aus dem Taschentuch.

»Oder die Rose hat ihm Glück gebracht«, sage ich und zeige sie Hillary.

»Oh ja, das hübsche Ding. Seine kleine Schwester hat sie ihm geschenkt.«

Ich bin so unglaublich froh, dass wir in anderen Zeiten leben. Dass weder meine Eltern noch jemand, den ich in meinem Herzen trage, an irgendwelchen Kriegsfronten kämpfen muss. Was für ein Glück!

Ich streiche mit dem Finger über das Foto und schlucke. Doch Glück im Unglück ist da noch mal eine ganz andere Sache. Es ist mit einem Schleier überzogen, den man erst lüften muss. Und das ist nicht so leicht, wie es klingt. Ich weiß, wovon ich spreche. Ich hatte Glück im Unglück.

# Schafe

Am Nachmittag nach einer großen Tasse Kakao und einem Teller Rührei drückt Hillary mir eine Kopie der Papiere in die Hand. »Darf ich dich zu meiner lieben Nachbarin schicken, um ihr das zu geben?«, fragt sie hoffnungsvoll. Effi lacht, räumt ihren Teller in die Spüle und ich gucke meine Tante hilflos an. Mir ist nicht ganz wohl dabei.

»Sie soll Queen Elisabeth besuchen und sie verärgern?«, hakt Effi amüsiert nach und macht einen Bogen um Dobby, der sie böse anguckt. »Vielleicht sollte ich sie begleiten. Bei gefahrvollen Missionen ist es immer ratsam, einen Bodyguard mitzunehmen.«

»Das würdest du tun, Effi? Das wäre ja herzallerliebst«, meint Hillary und schaut mich gewinnend an.

»Logo. Ich bin doch dein Lieblingswirbelwind. Neben Enola natürlich.«

Ein Wirbelwind bin ich wahrlich nicht. Womöglich eher eine kühle Brise, auch wenn ich mal der Sommerwind war.

»Toll, ihr seid klasse«, schließt meine Tante auch schon und scheucht uns mit dem Zettel vor die Tür. Wenigstens hat es aufgehört zu regnen. Wir gehen zum Stall, um Liberty zu holen. Die Sonne scheint, lässt die noch nasse Umgebung glänzen. Ich fülle meine Lungen tief mit Sauerstoff und versuche über Pfützen zu springen.

Pitty ist einmal mehr frei und flirtet inbrünstig mit Liberty. Sie näseln und die Stute quietscht immer mal wieder ganz leise und ziert sich, wenn er an ihren Nüstern knabbert.

»Dich kann man keine Minute alleine lassen, Liberty, schon hast du einen Verehrer«, meint Effi und bindet die Stute los. »Das muss man dem Pony lassen, er hat Charme. Vielleicht sollte mein Bruder mal bei ihm in die Lehre gehen«, scherzt Effi und ich kann gar nicht so schnell ausweichen, wie Pitty sich plötzlich vordrängelt und auf den Hof rennt. Mit purer Lebensfreude buckelt er durch Pfützen und steuert auf die große Koppel zu, auf der die bunte Herde Shettys steht.

Tiny guckt ihm nur müde nach und kümmert sich lieber aufopferungsvoll um ihr Baby, das schlafend vor ihren Füßen liegt.

»Dem Wallach muss mal jemand erklären, dass er nicht mehr der Jüngste ist«, sagt Effi und hat tatsächlich Mühe, ihre Stute zu bändigen. Sie will dem Pony am liebsten hinterher. Ich wette, so verliebt würde sie sogar vergessen, wie das mit dem Am-Boden-Anbinden war.

»Madame Freiheit, würdest du dich bitte benehmen?«, motzt Effi sie an und kann ihren Fuß nicht mehr in Sicherheit bringen. »Autsch!«

Ich greife ein, ohne weiter nachzudenken. Ich nehme Effi den Strick ab und schwinge ihn langsam in der Hand, sodass Libertys Aufmerksamkeit auf mir und meinem Raum liegt, den ich für mich einfordere. Das hat bei Hope immer gut funktioniert, wenn sie aufgeregt war.

»Wollte ich auch gerade machen«, brummt Effi und humpelt voran. Fast so professionell wie ich mit meinem Hinkebein.

»Geht's wieder?«, besorgt mustere ich sie. Ihr Kopf hat die Farbe einer Tomate.

»Eine Effi kennt keinen Schmerz«, behauptet sie und grinst angestrengt.

»Ich weiß, wie viel ein Pferd wiegt.« Bei dem Sturz war Hope auf mir gelandet, was mein Bein zertrümmert hat.

Effi sieht mich wissend an und hakt sich bei mir ein.

»Auf ins Gefecht. Wir haben das Gefährliche noch vor uns.«

»Wie gefährlich kann Elli schon sein?« Ich schnaufe und Liberty gähnt. Eine Übersprunghandlung in Konfliktsituationen. Sie unterwirft sich meiner Forderung, mir einerseits Platz zu lassen und mir den Weg entlang zu folgen.

Wenig später spazieren wir drei durch ein Meer aus weißen Schafen, das sich vor uns teilt und wieder schließt. Von Weitem sah es schon nach vielen Schafen aus, aber nun sieht man nichts anderes mehr. Nur die hohe Steinmauer, die das Wohnhaus von den Schafsweiden abschirmt.

»Hörst du das auch?« Effi stoppt, hält mich am Arm zurück und ich lausche. Ein Mann spricht und Effi wäre wohl nicht Effi, wenn sie nicht wissen wollen würde, was dort im Garten vor sich geht. Also sucht sie sich eine Stelle, von der aus sie es sehen kann.

»Meine Liebste«, sagt eine männliche Stimme. »Ich frage mich, ob du mir die Ehre erweisen würdest, mit mir essen zu gehen«, höre ich und habe sofort ein schlechtes Gewissen. Elisabeth ist bestimmt noch weniger begeistert, wenn wir ihr eine romantische Situation versauen.

»Nein, tanzen. Meine Liebe, würdest du mit mir gehen? Zum Tanzen?«, stammelt der Mann. »Haben dir die Blumen gefallen?«

Blumen? Als Effi mich hektisch zu sich winkt, kann ich nicht anders. Ich recke mich und linse auch durch einen Spalt in der Mauer. Ein Mann mit Mütze und Hosenträgern steht mitten in einem Garten voller Heidekraut und beginnt von Neuem mit seinem Monolog.

»Meine liebe Hillary, mein Stern am Himmel …«

Ein zottiges Schaf steht vor ihm, macht den Mund auf und blökt. Effi grunzt leise.

»Ist das zu fassen? Übt der etwa für deine Tante?« Sie rutscht ab und der Mann, der sicherlich dieser Brian ist, von dem ich ja schon gehört habe, schaut in unsere Richtung. Zu allem Überfluss wiehert Liberty jetzt, als aus dem Meer aus Schafen weit hinter uns

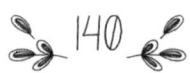

etwas anderes Weißes auftaucht. Pitty ist uns gefolgt und kommt angaloppiert.

»Ist da jemand?«, ruft der Mann. Effi und ich machen, dass wir Abstand zur Mauer bekommen, und tun unschuldig.

»Ja, hier ist Effi Froggat. Ich soll etwas für Elisabeth abgeben«, antwortet sie und bald schon wird einige Meter weiter eine Holzpforte geöffnet.

»Was abgeben?«, fragt Brian, der dezent gehetzt aussieht, als er Liberty und Pitty entdeckt. »Oh nein, bringt bloß die Pferde hier weg. Elisabeth mag die gar nicht.« Er wird blass.

Ich übergebe das Dokument und er knickt es, ohne es wirklich in Augenschein zu nehmen, bevor er es in die Hosentasche stopft. Ich mustere den Mann mittleren Alters. Er hat wache Augen, einen Bart und trägt Brille. Für meinen Geschmack ist er nicht unattraktiv, zumindest rein äußerlich. Als er sich aber beinahe duckt, weil Queen Elisabeth an einem Fenster des großen Hauses auftaucht, ändere ich meine Meinung.

»Brian, wer ist denn zu Besuch?«, kräht sie zu uns herüber. Augenblicklich erhebt sich ein Schwarm Vögel aus den nahen Bäumen in die Luft und sucht das Weite. Ich greife in Pittys Halfter, um ihn zu bändigen.

»Hallo, Miss Elisabeth, ich habe Ihrem Mann das Dokument von Hillary gegeben, nach dem Sie gefragt haben«, erklärt Effi freundlich. Die Frau am Fenster mit ihrer Föhnfrisur stutzt.

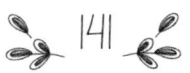

»Traut Sie sich nicht selbst her?«, vermutet sie und grinst dann plötzlich. Es hat etwas Bissiges an sich.

»Doch, aber sie ist verhindert«, antwortet Effi bedauernd.

»Ich kann verstehen, warum sie nicht selbst kommen wollte«, murmle ich.

»Bringt die Gäule weg!«, brüllt Queen Elisabeth und winkt ihren Mann zu sich. »Und du zeig mal her, was du da hast.«

Wir beeilen uns wegzukommen. Sicher ist sicher.

# Wenn Drachen lachen

»Du willst mir also wirklich weismachen, dass du keine Ahnung hast, warum er ein Schaf mit dem Namen Hillary anspricht und nach einem Date fragt?«, sage ich am nächsten Morgen bei der Ponyfütterung zu meiner Tante. Sie atmet tief ein, verteilt Hafer und wischt sich fahrig die Hände an ihrem grün karierten Hemd ab.

»Es gab da einen Moment, letzten Sommer«, sagt sie dann zögerlich. Ich lasse die Heugabel sinken. Als ich gestern Abend mit meiner Mutter telefoniert habe und ihr ein bisschen etwas über Brian erzählt habe, dachte ich mir schon, dass sie mehr weiß. Dass es etwas gibt, was die Blumen und den Zwist zwischen Elli und ihr erklärt.

»Und bevor du fragst: Es war nicht meine Schuld«, verteidigt sich meine Tante.

»Okay.« Ich lege den Kopf schief und hebe die Augenbrauen.

»Na gut«, beginnt sie. »Eines der dummen Schafe war doch tatsächlich in den Brunnen gefallen und ich half Brian, es herauszuholen.«

»Aha?« Das erklärt vielleicht die Blumen, nicht aber wirklich dieses honigsüße Gesäusel und das ganze Stalking. Oder doch?

»Ja, und wir haben das weiße Wollknäuel gerettet und plötzlich hat er mich geküsst. Ganz unverhofft.«

»Aha.«

»Und es war sogar gar nicht so übel, nur dass Brian nun mal mit Elisabeth verheiratet ist. Und er ist außerdem ein feiger Mistkerl, der nicht die Eier hat, sich zu trennen.«

»Willst du das denn?«

»Auf gar keinen Fall. Ich kann keinen Mann gebrauchen«, sagt sie fest und atmet erleichtert auf, als Effi in den Stall platzt.

»Guten Morgen, Sonnenschein. Was machen wir heute Schönes?«, will sie von mir wissen. Sie ist ohne Liberty hier und stützt sich auf einen bunten Regenschirm.

Die bunte Herde Shettys begrüßt sie mit einem Wiehern und mir rennt unerwartet ein Fohlen durch die Beine. Ich werde mich vermutlich nie daran gewöhnen, dass sie so klein wie Schäferhunde sind.

»Superidee. Dann holen wir uns ein Eis und bringen Finley eins vorbei«, freut sich Effi.

»Ich hab doch gar nichts gesagt«, wundere ich mich, doch Hillary wühlt schon in ihrer Hosentasche und drückt mir Geld in die Hand.

Wenig später humple ich neben Effi die Straße in Richtung Ortskern entlang. Schiefe Bäume säumen den Weg, werden von Bruchsteinmauern abgewechselt.

»Heute ist ein Mordsding passiert«, verrät mir Effi und sieht mich ernst an. »Ich war mit Bob los, hab ihm geholfen die Kutschpferde bei Damseys zu beschlagen. Und danach hat seine Freundin Claire mir die Karten gelegt.« Sie macht eine bedeutungsschwere Pause. »Und weißt du, was sie gesagt haben?«

»Nein?«, antworte ich skeptisch.

»Sie hat mir die Karte des Henkers gelegt. Und die des zweischneidigen Schwertes.« Ihre Brauen heben sich, als müsste es jetzt bei mir klick machen.

»Und das bedeutet?«

»Gefahr.« In ihren Augen blitzt es, während die Sonne passend atmosphärisch von einer dicken Wolke verschluckt wird.

»Und worum es genau geht, hat sie nicht gesagt?«, vermute ich goldrichtig.

»Sie hat gesagt, ich solle mich vor der Dunkelheit hüten.«

Kryptischer geht es wohl nicht. »Sollte man das nicht immer, sich von der dunklen Seite fernhalten?« Ich muss grinsen, weil Effi so sehr an diesen Humbug glaubt. Seit *Star Wars* weiß ich zumindest, dass man sich von der dunklen Seite der Macht fernhält. Aber sonst?

»Zuerst hatte ich überlegt, mich im Zimmer einzuschließen, um der Gefahr aus dem Weg zu gehen. Aber dann habe ich mir gedacht, was, wenn ein Satellit auf mein Haus stürzt? Oder ein Flugzeug?«

Effi dreht sich zu mir um, weil ich langsamer werde. »Du hörst mir nicht zu.«

»Doch.«

»Und warum hältst du dann an?«

»Weil mein Bein scheißwehtut.«

Die Sonne bricht wieder durch die Wolken, Sommerwind zaust Effis blonde Mähne, zaubert ihr einen Heiligenschein.

»Oje, das tut mir leid. Ist der Weg vielleicht doch zu lang?« Sie sieht zerknirscht aus, reibt sich ihre Stupsnase wie Wickie, der kleine Wikinger, bevor sie eine Idee hat. Dann pfeift sie auf zwei Fingern. Ich muss zugeben, ich traue meinen Augen nicht, als nach einigen Minuten eine weiße Kanonenkugel über die Wiese fetzt, einen Schafzaun überspringt und dann auf den Weg biegt.

»Gut, dass wir noch nicht weit gekommen sind«, freut sich Effi und schwingt den bunten Regenschirm. Ich glotze verwundert auf das Pony, das im Galopp über den Asphalt donnert. Pitty freut sich wie Bolle und stoppt vor Effi, die immer einen Pferdekeks in der Tasche hat.

Mir schwant, was Effi vorhat, als sie Pitty am Halfter nimmt und ihn neben mir positioniert.

»Ich reite nicht mehr«, beeile ich mich zu sagen und schüttle den Kopf.

Sie kichert nur. »Nun, das kann man ja auch nicht reiten nennen, oder?«

»Der ist doch viel zu klein für mich«, wehre ich weiter ab. Mein Puls beschleunigt sich.

»Der ist einen Meter und zehn hoch. Und kann bis zu sechzig Kilo tragen. Also, wo ist das Problem?«

»Sicher?« Ich wiege zweiundfünfzig Kilo, fühle mich aber bedeutend schwerer, weil mein Herz zu einem Felsen wird.

»Komm, ich helf dir rauf.« Effi setzt ihr Vorhaben sofort in die Tat um. Und ich befinde mich wieder im Flugzeug neben Justus-fünf-Finger-alt, als es in den Sinkflug geht. Und gleichzeitig sitze ich auf Hope, fühle die Kraft unter mir, mit der sie über den Waldboden jagt.

Es geht alles sehr schnell. Effi nimmt mein gesundes Bein, stützt mich und schon sitze ich auf Pittys Rücken. Er ist rund, weich und warm.

Der kleine Wallach schielt zu mir herauf, als wundere er sich genauso wie ich, und setzt sich dann ganz selbstverständlich in Bewegung. Effi plaudert fröhlich drauflos. Ich verstehe kein Wort, klammere mich an Pittys dicker weißer Mähne fest. Die Bewegungen sind vollkommen anders als bei einem Großpferd und dennoch gleich. Es ist lange her, dass ich Ponys geritten habe. Fremd und vertraut. Innerlich zittere ich ein wenig, bekomme aber mit jedem Schritt etwas mehr Sicherheit.

Der Sommerwind fährt Pitty in die Mähne, zaust sie und liebkost mein überhitztes Gesicht.

Etwa eine halbe Stunde später haben wir hübsch eingepacktes Eis dabei, das Effi trägt, und spazieren weiter zur Lady-Grace-Mine.

Diesmal hat Finley mit uns gerechnet. Zumindest winkt er uns schon von Weitem zu, als wir dort ankommen.

»Brüderchen, wir haben etwas für dich, das dich interessieren könnte«, ruft Effi fröhlich und Pitty stimmt mit ein, wiehert laut.

»Ein Stück eines Meteoriten? Ein Dinosaurierskelett? Der Beweis für außerirdisches Leben?«, scherzt Finley und ich wundere mich über das hübsche Hemd, das er trägt. Seltsame Aufmachung bei der archäologischen Forschung.

»Hähähä, der nun wieder. Der kann nicht mit mir verwandt sein«, murmelt sie und ich greife fester in Pittys Mähne, als er über eine Baumwurzel hüpft. »Du bist nahe dran, rate einfach weiter!«

Finley stemmt die Arme in die Seite und deutet auf eine Picknickdecke unterhalb des kahlen Baumes, der seine toten Äste nach Süden reckt.

»Was für eine schöne Überraschung«, sagt er und ist schnell bei mir. Galant hilft er mir vom Pony. Seine Hand ist warm und rau.

»Wir dachten, nachdem ich das letzte Mal so unhöflich das Weite gesucht habe, versuchen wir es mit Bestechungseiscreme«, mühe ich mich mit einer Entschuldigung ab und er errötet leicht.

Ich kann die Hitze sehen, wie sie in seine Wangen steigt und seine grauen Augen zum Glänzen bringt. Ziemlich vornehm führt er mich zur karierten Picknickdecke, richtet mir sogar ein Kissen. Mein Herz ist aufgewühlt. Zum einen vom Ritt auf dem Pony und weil Finley mich so seltsam ansieht. Und zum anderen weil Effi plötzlich die Klappe hält. Was sie sonst nie tut.

Eine Weile essen wir einfach nur das leckere Zitroneneis. Das Wetter kann sich ganz schottisch nicht entscheiden, ob es regnen will oder die Sonne scheinen soll. Vereinzelte Tropfen schimmern im Licht, während sie zu uns herübersprühen und dann schlagartig wieder verebben.

»Enola?«, sagt Finley irgendwann ganz förmlich. Seine Stimme klingt rau, sein Lächeln gerät schief. »Ich wollte …« Er verstummt und Effi rührt manisch in ihrem Eisbecher. »Das letzte Mal, da hatte ich nicht vor, dich zu verärgern. Und eigentlich …«

Ich beiße mir auf die Unterlippe, will ihn am liebsten erlösen. Denn er scheint unbekannte Qualen zu leiden.

Ich hole Luft. »Das war meine Schuld, ich bin vermutlich etwas empfindlich. Vergessen wir es einfach«, schlage ich vor.

»Nein, nein.« Er klingt erschrocken und ich stutze. Finley rauft sich verzweifelt das Haar. »Nein, ich möchte dich gerne als Wiedergutmachung …«

Effis Bruder sieht aus, als hätte er den Faden verloren und Effis Lippen kräuseln sich verdächtig.

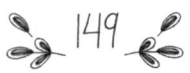

»Oh Gott, Finley. Das ist ja furchtbar«, grunzt sie dann vor Lachen. »Soll ich dir ein Schaf zum Üben schenken?«

Die Farbe weicht aus seinem Gesicht, der Kiefer zuckt. Ich wette, er kennt die Geschichte von gestern.

»Effi, du blöde Gans, lass mich doch mal ausreden.«

Er wirft ihr den leeren Becher an den Kopf und eine Rangelei entsteht. Pitty geht dazwischen, steht nun auf der Picknickdecke und kaut ein Grasbüschel.

»Was mein überaus souveräner Bruder meint, ist, dass er dich gerne zum Tanzen auf dem Markt einladen würde.«

»Auweia«, höre ich Finley verlegen murmeln.

»Aber da es bei ihm in der Romantikabteilung nicht so gut funktioniert, übernehme ich das einfach mal.«

»Danke, liebe Schwester. Ich stelle sofort einen Antrag auf Adoption. Ich werde keinen weiteren Tag mit dir zusammenleben.«

Jetzt wird mir heiß und kalt. Wie soll ich mit meinem Bein tanzen? Ich bin ja schon froh, wenn ich von A nach B komme.

»Ich weiß nicht ...« Mühsam stehe ich auf.

»Sieh, was du angerichtet hast, ganz toll. Vielen Dank für nichts«, streiten sie weiter und ich nehme Pitty und gehe zur Mine. Es dauert lange, bis Finley mir nachkommt. Ich schaue in den dunklen Schacht und frage mich, wie weit in der Tiefe George gefangen war. Und ob er die Dunkelheit, die ihn so lange umgab, jemals wieder abstreifen konnte.

»Am Wochenende ist Markt. Vielleicht sehen wir uns dort«, sagt Finley nun ganz aufgeräumt. Er hat Zitroneneis auf dem Hemdkragen und ich wische es mit den Fingern weg.

»Vielleicht«, antworte ich und vielleicht wird alles viel leichter. Mit der Zeit.

»Vielleicht heißt immerhin nicht Nein.« Ein Lächeln zupft an seinem Mundwinkel und er schaut neben mir stehend ebenfalls in die Mine.

»Willst du hinein?«, fragt er dann.

»Wie weit warst du drin?«, frage ich und Pitty schnauft.

»Sehr weit«, antwortet Finley.

»Ist das nicht gefährlich?«

»Und ob.« Doch die Art, wie er in den Tunnel starrt, verrät mir, dass ihn diese Gefahr anzuziehen scheint.

# Ungeheuer und Dunkelheit

Sie haben uns eingeschlossen, hatte Jones behauptet, als ich
erneut durch den Gang zur alten Mine gegangen war. Er wütete
wie ein verwundetes Tier auf der anderen Seite der verkeilten
und halb verschütteten Tür. Er warf Dinge umher, vermutlich
Hacken, Schaufeln und Hämmer.

Ich glaubte ihm nicht. Er war ganz sicher einfach nur
durchgedreht und hatte den Ausgang und die Aufstiege nicht
einmal gefunden. Wieso sollten sie uns einfach unserem
Schicksal überlassen und die Ausgänge verbarrikadieren?

»Das ergibt doch gar keinen Sinn«, sagte ich, als Jones mir
endlich wieder zuhörte. Seine Stimme klang kraftlos und ich rief
mir in Erinnerung, wie er sonst sprach: laut und donnernd, aber
immer mit einem Lächeln auf den Lippen. Kaum zu vereinbaren
mit der Art und Weise, wie er jetzt sprach.

Müde hockte ich mich auf einen Balken, der von der Decke hing,
und überlegte. War es möglich, dass sie uns opferten? Ich schlug
mir vor den Kopf. Diese Art Gedanken mussten raus aus meinem
Hirn. Sie hatten dort keinen Platz.

»Sie werden kommen und nach uns suchen«, rief ich Jones zu.
Und er lachte irre.

Es gab ungeschriebene Gesetze unter Grubenleuten. Einen Ehrenkodex: Niemand wird zurückgelassen in den Tiefen.

»Alle Verunglückten müssen beerdigt werden, auf einem Friedhof«, erinnerte ich Jones an die Vereinbarungen mit den Betreibern der Mine.

»Wieso, wir sind doch beerdigt hier unten«, war Jones' Meinung dazu und er lachte wieder. Dieses Mal ging es in ein Schluchzen über, das mich innerlich zerriss.

»Hör auf, so zu reden«, brüllte ich ihm also voller Verzweiflung entgegen und schlug mit der Hand an die Tür. Ich spürte den Schmerz kaum, als die Haut aufriss. Dann schwiegen wir. Jones auf seiner Seite, ich auf meiner. Mit den Fingern tastete ich immer wieder die kleine Rose meiner Schwester ab und hörte ihre Worte in meinem Geist: »Georgie, die Blume ist wie ein Schutzengel. Gefertigt von den Doane Shi«, behauptete sie und ich fragte mich, ob die guten Elfen Schottlands mich hier unten finden könnten.

»Du hast Glück, dass du hinter dieser Tür und dem ganzen Schutt eingesperrt bist«, sagte Jones irgendwann und seine Stimme ließ mir einen kalten Schauer über den Rücken rieseln.

»Warum?«

»Weil ich etwas gesehen habe. Es stand nicht weit von hier. Dort ist ordentlich was zusammengekracht und das Ding wurde befreit.«

»Was wurde befreit?«, fragte ich. Ich verstand kein Wort.

»Das Ding ist ganz sicher verwandt mit Nessy, so wie es aussah.
Womöglich ein Drache. Vielleicht kam es deshalb zum Feuer.
Drachenfeuer.«

»Es gibt keine Drachen«, sagte ich ganz laut, damit ich es selbst
verstand. Keine Drachen, keine Monster unter dem Bett! Keine
Ungeheuer und Trolle. Aber Elfen?

»Das Ungeheuer von Loch Ness gibt es, hat mein Vetter selbst
gesehen«, unterstrich Jones. »Also gibt es auch andere Wesen.
Und es wird mich suchen und es wird mich fressen.«

»Keine Drachen, keine Ungeheuer, keine Trolle. Alles nur
Fabelwesen«, wiederholte ich leise.

Ich floh zurück zu Lucky und kauerte mich neben ihm in die
hinterste Ecke des Verschlags.

Ich biss mir in die Handinnenfläche, um nicht zu heulen, weil
ich Jones' Worte nicht aus dem Kopf bekam. Sie haben uns
eingeschlossen. Niemand wird kommen, hallte es in mir nach.
Lucky stampft mit den Hufen, zerrt am Strick, mit dem ich ihn
angebunden habe, und ich mahne mich zur Ruhe. Es wird ihm
und mir nichts bringen, wenn ich auch die Nerven verliere und
ausflippe wie Jones. Also streichle ich Luckys weiche Nase und
gebe ihm noch etwas Wasser und den Rest Heu. Es wird knapp,
dessen bin ich mir bewusst.

Um mich zu beruhigen, stelle ich mir einen Sommertag vor
inmitten von Maisfeldern, über denen Schwalben segeln und

Insekten fangen. Zusammen mit meinen beiden Schwestern Fiona und Betty spaziere ich durch die Reihen und prüfe die Kolben. Die meisten sind goldgelb und reif. Ich pflücke einen und schäle ihn. Doch bevor ich in Gedanken kosten kann, ist da wieder das Geräusch. Dieses Wummern und Kratzen tief im Berg.

Mit Schwung klappe ich das Buch wieder zu, als ich die Uhrzeit sehe, und Dobby, der stocksauer auf der Fensterbank sitzt, weil mein Bett zu voll ist, guckt mich an. Effi liegt neben mir und pennt. Wir hatten mit Pitty das Zählen für den Markt geübt, auf dem sie beweisen muss, was das Pony kann. Ich muss zugeben, Pitty ist wirklich schlau und gewitzt. Da wir das Rechnen vor dem Haus lernten, hatte er durch seine Beobachtungsgabe schnell raus, dass, wenn er die Türklinke nach unten drückt, die Küche nicht weit ist und dort eine Schale mit Obst steht. Denn von da holte Effi Belohnungen für Erfolge. Hillary ist nur so semibegeistert und hielt sich mit Applaus sehr zurück.

»Effi, du musst wach werden.« Ich stupse sie an der Schulter und sie dreht sich auf die andere Seite, weg von mir. Es ist lange her, dass ich mit jemandem in einem Bett gepennt habe. Außer mit Dobby, der ganz sicher Mordgedanken hegt, so wie er Effi anschaut.

»Wach werden«, fordere ich etwas rüder und Effi streckt sich.

»Oah, war das eine angenehme Nacht«, sagt sie und blinzelt

mich an. »Ich glaube, zuletzt hab ich so gut im Chemieunterricht geschlafen.«

»Na, wenn das kein Kompliment ist«, sage ich und stehe auf.

»Ehrlich, du bewegst dich ja fast gar nicht in der Nacht. Ich hab mich einmal sogar gefragt, ob du möglicherweise gestorben bist.«

»Ich bin noch ganz lebendig.«

»Hab ich auch gemerkt, als ich dir die Nase zugehalten habe.«

Meine Brauen hüpfen in die Höhe. »Du hast was?«

»Nur ganz kurz, bis ich mir sicher war, dass du doch noch atmest. Also, es zumindest versuchst.«

Sie grinst schief und ich werfe ihre Jeans nach ihr. Sie fängt sie mit dem Gesicht.

»Beeil dich lieber, wir wollen doch rechtzeitig auf dem Markt sein.« Ich bin tatsächlich ein bisschen neugierig geworden. Es sollen Geiger und Dudelsackspieler dort auf einer kleinen Bühne ein Konzert geben. Claire hat Effi dazu verholfen, einen Moment in der Pause für ihre Pitty-Show zu bekommen.

Effis Blick fällt auf das kleine Tagebuch auf dem Nachttisch. »Darf ich es auch mal lesen?«, fragt sie zögerlich. Ich hatte ihr ein bisschen etwas darüber erzählt. Von der Verzweiflung und der Dunkelheit, die mich ein ganz kleines bisschen an das erinnert, was in mir selbst vorgeht. Zuerst dachte ich, sie würde es nicht verstehen. Vielleicht sogar lachen oder mich tadeln, weil man die lebensbedrohliche Lage, in der Georgie festsaß, nicht mit meiner

Situation vergleichen kann. Doch sie drückte meine Hand und flüsterte: »George hat es rausgeschafft. Und du schaffst es auch.«

Eine Stunde später sind wir im alten Ortskern angekommen. Ein kleiner Fluss schlängelt sich durch die Häuserreihen und ich kann die Kirchturmspitze sehen. Erstaunlicherweise spielt das Wetter sogar mit und die Sonne scheint. Überall stehen kleine bunte Verkaufswagen und Zelte. Der Duft von frischem Brot und Blumen weht durch die Gasse, die zur Hafenseite liegt.

Ich zupfe nervös an meinem weißen Spitzenkleid, das ich für diesen Anlass gewählt habe. Es ist etwas schmutzig am Saum, da ich eine Weile auf Pitty saß. Wenn mein Bein zwickt, reicht es aus, wenn er mich ein paar Minuten trägt. Dann kann ich ganz gut wieder selbst laufen. Und ich muss schon sagen, der kleine starke Kerl ist ein ganz schöner Schatz.

»Ich wette, die Zicken aus meiner Schule warten schon begierig darauf, meinen genialen Auftritt zu sehen«, meint Effi und hebt die Stupsnase in den Wind. Eigentlich wollte ich ihr von dem Zauberer-Outfit abraten, das sie trägt. Hut und Umhang scheinen mir doch ein bisschen viel, aber sie wirkt so zufrieden damit.

»Und die werden staunen, wenn Pitty ihnen etwas vorrechnet«, bin ich mir sicher. Im Groben weiß ich, wie Effis Plan ist und was der bezaubernde Pitty zu tun hat. Alleine sein Erscheinungsbild wird die Leute umhauen. Wir haben ihm silberne Bänder ins Haar geflochten und ihm ein Horn aus Pappmaschee aufgesetzt. Er sieht

aus wie ein pummeliges kleines Einhorn, das vom Silbershampoo nur so glänzt und glitzert. Ich habe erst mal Hunderte Fotos gemacht und sie an die Mädels zu Hause geschickt mit dem Hashtag: *Ich habe Kurt, das Einhorn, gefunden. Es gibt ihn wirklich!*

Musik durchwebt die Gasse, die geradewegs zum Marktplatz führt. Geigen und irgendwelche Flöten spielen Folklore und Effi wippt zum Takt, während wir mit Pitty so flanieren und alle Blicke auf uns ziehen.

»Dort drüben ist Bobs Eierstand.« Effi deutet nach links, hinüber zum Platz, auf dem sich die Buden und Wagen vor einer kleinen Bühne sammeln. »Komm, wir sagen Hallo. Und du kannst Claire nach der Propolis für deine Tante fragen.« Ich hatte Hillary versprochen, ein heilendes Bienenprodukt mitzubringen. Es hilft gegen alles, nur nicht gegen schlechtes Wetter, hatte sie behauptet.

Ich weiche einem kleinen Jungen mit Zuckerwatte aus, der mitten im Weg stehen geblieben war, um das Einhornpony anzustarren. Überhaupt erregen wir ganz schön viel Aufmerksamkeit. Da entdecke ich auch noch jemanden, der uns mit einem Fernglas von einem Stand mit Wollsocken und Schafsseife aus beobachtet. Brian! So was von creepy!

Ich folge Pittys dickem Hintern vorbei am Käsestand, dem Bäcker und einer Gruppe schwatzender Mädchen.

Es ist beeindruckend, wie kunstvoll Bobs Eierkartons gestapelt sind. Was mich aber noch mehr anzieht, ist der kleinere Stand

direkt daneben. Eine ältere Frau mit langen beinahe weißen Haaren sitzt vor einem Tresen mit Schmuck, Fläschchen, die Salben und Ähnliches enthalten, und Honigtöpfen. Sie lächelt mich an. Das muss Claire sein.

Während Effi mit Bob redet, gehe ich zu ihr hinüber.

»Hallo, Enola«, begrüßt sie mich, bevor ich mich überhaupt vorstellen kann. Jemand verpasst mir einen Stoß in den Rücken, es wird langsam voll hier. Eine Gruppe Touristen verteilt sich überall.

»Hallo, freut mich«, sage ich und mir entfällt der Name der Salbe, die ich holen sollte. Ihr Lächeln vertieft sich auf ihrem freundlichen Gesicht. Mir fällt auf, dass sie viele Ketten mit winzigen Schlüsseln um den Hals trägt. Und auf dem Tisch liegen ähnliche Schmuckstücke. Eine Kette mit einer Rose aus Glas und Silber, ähnlich wie die von George, fasziniert mich sofort.

»Du bist hier, um Propolis zu holen?«, fragt Claire mit angenehm sanfter Stimme. Ich nicke, bin aber immer noch bezaubert von der Kette.

Doch plötzlich drängt sich jemand neben mich – oder vielmehr etwas – und löst mich aus meinem Bann. Es ist Pittys dicke Nase und ich muss direkt verhindern, dass er den Tisch abräumt. Dabei pikst sein Horn mir in die Seite. Er hat ziemlich schnell gelernt, es einzusetzen, um seinen Willen zu bekommen.

»Stopp«, meckere ich, angle nach dem Halfter und er hält mich

mit dem Horn auf Abstand. Effi hängt am Ende des Stricks und bekommt ihn endlich unter Kontrolle.

»Ich bin schon dahaha«, zwitschert Effi und zerrt das Pony zurück. »Na komm, Pitty, wir haben gleich den Auftritt unseres Lebens!« Pitty scheint recht unbeeindruckt davon, aber Effi legt den
Arm um mich. »Und alles nur, weil Enola die besten Ideen ever
hat.«

Verlegen schaue ich zu Boden. »Ich wette, du wärst selbst noch
drauf gekommen«, meine ich und sie lacht glockenklar.

»Und bescheiden ist sie auch noch.«

Pittys Horn erwischt beinahe einen Stapel Honigseifen und ich
kann es gerade noch verhindern.

»Oh, Claire. Du musst unbedingt aus Enolas Hand lesen, während ich weg bin«, hat Effi einen neuen Einfall, während sie mich
loslässt und Pitty wendet. »Und du erzählst mir dann, was dir
geweissagt wurde, ja?« Sie zwinkert linkisch, wedelt mit ihrem
Umhang und geht rückwärts. Die Dudelsackmusik wechselt von
langsam zu schnell, ich schaue kurz zur Bühne, auf der sechs Frauen
und Männer ihre Instrumente spielen. Wenn sie eine Pause ein-
legen, darf Effi mit dem Pony auf die Bühne. Ich an ihrer Stelle
würde mir vor Aufregung in die Hose machen.

»Wünscht mir Glück«, haucht sie ein letztes Mal und verschwindet mit dem Einhorn in der Menge. Bob preist weiter seine Eier an
und Claire reicht mir ihre schlanke Hand über den Tisch.

»Dann zeig mal her, Liebes«, fordert sie mich auf und ich zögere einen Moment. Will ich wissen, was mich in der Zukunft erwartet?

»Ich kann dir nicht deine genaue Zukunft sagen, aber die Wendepunkte, die dich erwarten«, sagt sie, als hätte sie meine Gedanken gelesen. Creepy.

»Alles in der Welt liegt in den Entscheidungen, die wir treffen. Es gibt Tausende mögliche Versionen, von dem, was kommt, bis wir uns entscheiden.« Ihre Art ist so gewinnend, dass ich mich überwinde und ihr meine Hand reiche.

Ich hätte allerdings nicht damit gerechnet, dass sie mich erst mal in die Handfläche zwickt. Ihr Blick wird so seltsam dunkel, als sie meine Linien betrachtet. Unwillkürlich versuche ich, ihr meine Hand zu entziehen, doch sie lässt mich nicht entkommen.

»Liebes, du steckst in dir selbst fest und musst doch einfach nur vor die Tür treten«, sagt sie dann ganz leise. Als ihr Blick sich hebt, bohrt er sich in meinen. Die Musik, alles um uns herum, wird lauter und schneller.

»Wie meinst du das?«, höre ich mich selbst fragen.

»Du hast dir Schuld aufgeladen«, sagt sie bedauernd und für einen Moment, fühlt es sich an wie eine Anklage. Eine Anklage, die mir bekannt vorkommt, denn ich selbst habe mich schon so oft schuldig gefühlt.

»Und wie erlangt man Vergebung?« Keine Ahnung, ob ich mir auch diese Frage selbst die ganze Zeit schon gestellt habe.

»Das gilt es herauszufinden, Liebes«, sagt Claire und ich ziehe meine Hand aus ihrer.

»Ich soll jetzt aber nicht beten, oder? Zu Gott oder so?«

Ich frage mich, ob es ihn gibt. Die Beweislage ist ja ziemlich dünn und ich finde, wenn er dort oben auf irgendeiner Wolke sitzt, hätte er besser auf mich und Hope aufpassen können.

»Die Antworten liegen alle in dir selbst. Vor allem musst du dir verzeihen«, erwidert Claire und gibt mir einen Tiegel mit Propolis. Ich möchte nicht wissen, was Hillary ihr alles über mich und den Unfall erzählt hat. Mein Blick sinkt auf den Tisch mit den hübschen Schmuckstücken, bleibt wieder an der Rose hängen. Könnte ich mir verzeihen? Ich habe die Wildschweinrotte nicht herbeigerufen, aber wenn ich konzentrierter gewesen wäre und wir nicht dieses Wettrennen gemacht hätten …

Plötzlich hält mir jemand von hinten die Augen zu. Ich erstarre, mein Herz poltert in der Brust.

»Wer ist da?«, will ich wissen, spüre, wie ein großer Körper sich nahe an meinem bewegt. Er riecht nach Pfefferminz und ich erkenne Finley an einem leisen Geräusch, das er macht. Die Andeutung eines Kicherns, ähnlich wie Effi es oft macht.

»Finley?«

Er lässt seine Hände sinken, ist mir immer noch so nahe, dass ich die Wärme auf meiner Haut spüre, die er ausstrahlt.

»Ich hab dich gesucht«, sagt er und ein Anflug von schlechtem

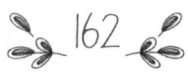

Gewissen streift mich, weil ich ihm nicht gesagt habe, dass ich mit Effi herkomme.

»Du gehst mir nicht aus dem Weg, oder?«, fragt er mich ganz direkt und ein verletzlicher Ausdruck huscht über sein Gesicht.

»Nein, nein. Auf keinen Fall«, beeile ich mich zu sagen und er nimmt meine Hand, die eben noch von Claire begutachtet wurde.

»Schön, das ist schön. Dann brauch ich mich nicht vor lauter Scham irgendwo selbst zu verbuddeln«, freut er sich.

»Tschüss, Claire, ich nehm Enola jetzt mit«, verkündet er und ich komme nicht zu einer Verabschiedung, denn er zieht mich mit sich durch die Menschen hin zum Platz vor der Bühne, auf dem einige Leute tanzen. Die Musik wird tragender, ruft uns beinahe zu sich.

»Lass uns tanzen«, höre ich Finley sagen, während er sich zu mir umdreht, und ich habe keine Zeit, darüber nachzudenken, ob das eine gute Idee ist mit meinem kaputten Knie. Vor dem Unfall liebte ich es zu tanzen. Ich kann mich nur zu gut daran erinnern, dass wir als Kinder damals genau hier schon einmal getanzt haben. Wild und ungehemmt.

Doch jetzt?

Finley zieht mich an sich heran, ich blinzle zu ihm auf, während die anderen sich langsam um uns herumdrehen. Ein Lächeln spielt in seinem Mundwinkel und mir wird ganz warm.

»Bereit?«, fragt er und ich bringe keinen Ton heraus. Seine Hand fasst meine fester und wir beginnen, einen Fuß vor den anderen zu setzen.

»Du siehst total schön aus«, meint Finley und dreht mich sacht um die eigene Achse.

»Du auch«, antworte ich so ungelenk, wie ich mich bewege. Er trägt Hosenträger über dem blütenweißen Hemd. Hosenträger! Und es sieht total cool aus.

»Vielen Dank«, sagt er und deutet eine Verbeugung an. Seine dunklen Haare fallen ihm in die Stirn und seine grauen Augen funkeln. Beim nächsten Atemzug zieht er mich wieder enger an sich heran. Alles andere um uns herum verschwindet. Die Geigen spielen schneller, der Rhythmus beschleunigt sich. Und als würde Finley spüren, dass mein Bein das Finale nicht mitmachen würde, packt er mich plötzlich und wirbelt mich umher, als würde ich nichts wiegen.

Ich schnappe nach Luft, als er mich mit dem letzten Geigenstrich wieder absetzt und Applaus über uns alle hinwegbrandet. Atemlos schaue ich ihn an. Meine Hand fällt auf seine Brust.

»Jetzt ist Effi dran«, sage ich und löse mich von dem Jungen, der so gerne nach Schätzen gräbt.

Die Musiker verabschieden sich in die Pause und Finley und ich warten gespannt. Ebenso wie eine Gruppe Mädchen, die sich nun direkt vor der Bühne positionieren und Handys zücken. Na, das kann ja heiter bis wolkig werden.

Es dauert nicht lange und Effi führt Pitty von hinten auf die Bühne. Allem Anschein nach findet das Ponyeinhorn die Sonnensegel-Überdachung nicht so toll. Denn das blaue Ding bewegt sich im Wind, der über den Markt streicht, und macht dabei Geräusche.

»Ladys und Gentlemen, wenn ich um Ihre geteilte Aufmerksamkeit bitten darf? Die eine Hälfte bitte auf mich und die andere auf meinen überaus klugen Freund Pitty«, leitet Effi selbstbewusst die Show ein.

»Heute geht es darum zu demonstrieren, dass Pferde durchaus in der Lage sind zu rechnen.« Beinahe wird Effi vom Pony von der kleinen Bühne verfrachtet. Zum Glück ist die nur etwa fünfzig Zentimeter hoch.

»Ich wette, der Gaul macht nicht mit«, flüstert Finley spöttisch und ich verschränke die Arme vor der Brust.

»Doch, bestimmt. Deine Schwester hat ein Händchen für Pferde«, sage ich und ärgere mich ein wenig darüber, dass er nicht hinter ihr steht, wie er es als großer Bruder sollte.

»Pitty«, sagt sie laut. »Wie viel ist vier minus drei?«

Ich bemerke die Möhre in ihrer Hand, die sie im Umhang versteckt. Das Pony ebenso und nickt einmal kräftig, um die Karotte einzufordern.

Einige im Publikum klatschen und murmeln anerkennend. Die Mädchengruppe tut unbeeindruckt.

»Und Pitty, wie viel ist zwei plus eins?«, fragt Effi und ich weiß,

dass sie nun die Kekspackung in ihrer Hosentasche knistern lässt. Pitty reagiert prompt und zuverlässig. Er scharrt dreimal mit dem Huf.

»Zufall«, ruft eines der Mädchen und Effi strafft die Schultern.

»Dieses Pony kann nicht nur rechnen, es ist auch ein echter Houdini und kann sich aus Fesseln befreien«, setzt sie einen drauf und ich staune. Das war nicht geplant, oder?

»Was hat sie nun wieder vor?«, fragt mich Finley und Effi beginnt, das Pony in ein Seil zu wickeln, das sie außerdem an den Schnüren des Sonnensegels befestigt.

»Abrakadabra«, ruft sie und wedelt mit dem Umhang zwischen Pony und Publikum. Das dicke Einhornpony öffnet im Handumdrehen den Knoten und ist frei. So gut wie, zumindest.

Finley und ich sehen uns erschrocken an, während Pitty einen Satz nach vorne durch den Umhang macht, sich einmal auf dem Podest um die eigene Achse dreht, dabei in den Schnüren des Sonnensegels verheddert und dann losrennt.

Effi schaut ihm dabei verwirrt zu und verschluckt ein »Tadah!«.

»Gehört das zur Pitty-Show?«, fragt Finley mich und ich zucke die Schultern.

»Nicht dass ich wüsste.« Das Pony hüpft von der Bühne. Das dunkelblaue Sonnensegel löst sich, schwebt hinunter und lässt Effi verschwinden. Das Publikum schreit und teilt sich vor dem Einhorn, das bockend das Weite sucht.

»Verdammt, Effi!«, stößt Finley aus und rennt dem Pony nach. Ich weiß nicht, wo ich mit mir hinsoll. Effi befreit sich vom Sonnensegel, verlässt die Bühne und kommt japsend zu mir. »Jetzt weiß ich, vor welcher Dunkelheit mich Claires Karten warnen wollten«, meint sie und die Gruppe Mädchen am Rand kichert albern. Ich möchte gerne mit Bobs Eiern nach ihnen werfen. So hässliche und gemeine Weiber.

»Mach dir nichts draus, ist doch eigentlich alles gut gegangen«, versuche ich, sie zu trösten, da sie sichtlich mitgenommen aussieht. Die Musiker, die das Unglück mitverfolgt haben, retten wortlos das Sonnensegel und räumen auf.

Aus der Menge taucht Finley mit dem Pony auf und ich atme erleichtert auf. Wenigstens ist niemand zu Schaden gekommen.

»Du hast recht. Pitty hat bewiesen, wie schlau er ist, und hat mich sogar ausgetrickst. Man muss alles positiv sehen«, fängt Effi sich schnell wieder. Sie ist wirklich bewundernswert.

# Wohin mit all den Herzen?

Am nächsten Morgen klingelt es noch vor dem Frühstück an der Tür. Hillary, der ich gerade vom zauberhaften Auftritt mit Flucht-einlage von Pitty erzählt habe, zieht den Topf mit Porridge vom Herd und blickt zur Uhr.

»Na nu? Welcher frühe Vogel wird das wohl sein?« Sie wischt sich die Hände am Rock ab, steigt über Dobby, der mitten im Weg auf einem Wollteppich liegt und an einer Socke herumnagt, und geht zur Tür. Ich decke den Tisch weiter auf und staune nicht schlecht, als ein riesiger Blumenstrauß ins Haus gehalten wird. Rote Rosen mit rosa Schleierkraut, das sich farblich beißt.

»Brian«, stößt meine Tante erschrocken aus und weicht zurück. Ich unterdrücke den Impuls, mich hinter dem Sofa verstecken zu wollen.

»Liebste Hillary«, beginnt er und räuspert sich nervös. »Ich bin nun ab heute …« Er wirft einen Blick auf seine Armbanduhr. »… seit genau zwei Stunden ein freier Mann.« Ein Hurra steht in seinem Gesicht geschrieben und meine Tante schnappt nach Luft. Sie weicht noch etwas zurück, zupft fahrig an ihrem geflochtenen Zopf.

»Brian, ich weiß nicht, was ich sagen soll«, haucht sie und Dobby

 168

findet die Situation anscheinend so gruselig, dass er komische Geräusche macht und die Zunge heraushängen lässt.

»Liebste Hillary, ich und meine Schafe sind dein. Elli geht nach Amerika, wie sie es schon immer wollte und was sie, ich zitiere: ›wegen eines Holzkopfes nicht tat‹. Damit meint sie mich«, fügt er erklärend hinzu und lächelt schief. Die Übung mit dem Schaf hat nicht viel gebracht, wie mir scheint. Liebesbekundungen sollten etwas mehr beinhalten, wenngleich ich meiner Tante an der Nasenspitze ansehe, dass sie auch bei den romantischsten Worten noch die Flucht ergreifen würde.

»Das ist eine ganz schöne Überraschung«, meint sie dazu und Dobby würgt. Er kotzt auf den Teppich neben die Socke.

Jetzt wird mir auch schlecht. Wegen des Katers und aus Mitleid mit Brian.

»Schafe übertragen Krankheiten auf Ponys, Brian«, erwidert meine Tante nur und Brians Brille beschlägt. Womöglich fürchtet Hillary dasselbe wie ich, dass Brian gleich anfängt zu weinen. Nach einem gehetzten Blick zu mir greift sie sich ihre Jacke und manövriert den armen Mann nach draußen.

Ich wische erst mal die Katzenkotze weg und konzentriere mich darauf, mich nicht daneben zu übergeben.

Eine gefühlte Ewigkeit später lässt meine Tante mich wissen, dass sie Brian in die Pension Mermaid fährt, da er ja unmöglich bei uns einziehen kann. Somit frühstücke ich alleine mit Dobby und

versorge die Ponyherde. Während Pitty mein Tun neugierig beäugt und er mir hinterherläuft wie ein Pudel, fülle ich frisches Wasser in die Tränken und schaufle Heu in die Fressgitter. Tiny ist gestern zusammen mit Midnight endlich in die große Herde gekommen und passt wie eine Luchsin auf, dass niemand der anderen Stuten und Fohlen zu nahe an ihr Baby kommt. Sie ist eine echt gute Mama.

Ich seufze und denke an meine Mutter. Sie hat mir eine lange Sprachnachricht geschickt, in der sie über meinen ersten Strampelanzug referiert, den sie zufällig gefunden hat. Ich weiß jetzt, wo sie ihn gekauft hat, wann ich ihn das erste Mal nach der Geburt trug und wie man ihn am besten faltet. Ich vermisse sie. Ihren Geruch, ihre Umarmung und ihre schlechten Scherzfragen. *Welches Spiel kann man nicht spielen? Das Beispiel.* Hahaha.

Als Pitty plötzlich laut wiehert und sich zum Tor umschaut, entdecke ich Effi, die mit Finley im Schlepptau eintrifft. Mein Herz macht einen Satz gegen meine Rippen.

»Hey, Enola. Gut geschlafen?«, fragt Finley und schlendert lässig auf mich zu, die Hände tief in den Hosentaschen. Er wirkt gleichermaßen herausfordernd wie schüchtern. Effi, die sich hinter ihm hält, reckt mir den Daumen entgegen und ich hab keine Ahnung, was sie mir damit sagen will.

»Hallo, was macht ihr beide denn hier?«, ist wahrscheinlich nicht die beste Antwort und ein Schatten huscht über Finleys Züge. »Stö-

ren wir?«, kommt prompt die Gegenfrage von ihm und er bleibt neben dem Heulager stehen.

»Du darfst mich gerne stören«, versichere ich schnell. Ich lächle und werde von einem Fohlen in die Wade gebissen. So ein freches Ding. Der kleinen Stute Summer gefällt es, wenn ich quieke.

»Und was ist mit mir? Ich störe auch gerne«, höre ich Effi maulen. Sie verpasst ihrem Bruder einen Knuff in die Rippen und drängt sich an ihm vorbei.

»Und, was machen wir heute Schönes?«, frage ich die beiden und wundere mich gleichzeitig über mich selbst. Die letzte Zeit hatte ich die Initiative gerne anderen überlassen, was Unternehmungen angeht. Doch als Finley und Effi gleichzeitig mit den Achseln zucken, mache ich einfach einen Vorschlag: »Wir könnten einfach ein bisschen auf der Wiese chillen?«

Ich deute hinaus zum Baum, unter dem ich saß, als Effi das erste Mal auf Liberty zu mir kam. Es ist immer noch einer der schönsten Plätze hier. Und man kann die Ponys beobachten und mit den Fohlen knuddeln.

»Hört sich toll an«, meint Finley mit etwas viel Begeisterung und Effi grunzt vor Lachen.

»Echt, Bruderherz, du bist so lustig«, flüstert sie laut genug, dass ich es verstehe. Ich schnappe mir eine alte Wolldecke, die über dem Stallgitter hängt, und klemme sie mir unter die Achsel.

»Na, dann kommt rein in den Löwenkäfig«, sage ich und win-

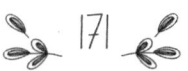

ke sie hinter mir her. Midnight rennt mir vor die Füße, findet die Decke spannend und ihre Mutter ruft sie zu sich zurück.

»Wo ist Hillary denn?«, fragt mich Effi, während sie und Finley in den Stall steigen. Die Ponys lassen sich nicht stören. Sie fressen genüsslich und kümmern sich nicht um uns.

»Die ist mit Brian weg«, berichte ich und werde sofort von Effi unterbrochen.

»Nicht dein Ernst. Das ging ja schnell«, sagt sie und holt tief Luft. »Elisabeth soll ihn rausgeworfen haben. Wegen dem Brunnen.« Vielsagend guckt sie mich an.

»Wieso sollte sie ihn rauswerfen, nur weil sie unrecht hatte und der Brunnen nicht ihr gehört? Da kann er doch nichts für«, wundert sich Finley.

»Ach. Was weißt du denn schon.« Effi schüttelt den Kopf.

»Mehr als du, würde ich sagen«, sagt er ein wenig beleidigt.

»Nur weil du einen auf Hobbyarchäologe machst, bist du noch lange kein Einstein.« Sie stößt hart die Luft aus.

»Ich weiß, was allgemein vom Dorffunk so weitergetragen wird«, verteidigt er sich.

»Es geht um den Kuss am Brunnen«, flötet Effi nun und spitzt die Lippen. Beim Wort Kuss saugt sich Finleys Blick an meinen Lippen fest und ich schaue verlegen zur Seite.

»Es gab eine Knutschattacke, die den ganzen Krieg ausgelöst hat«, erzählt Effi die ganze Geschichte und erwähnt auch noch mal

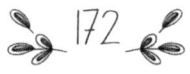

die Übung mit dem Schaf. Finley zeigt sich unbeeindruckt und nimmt mir die Decke ab.

Pitty, der uns in der Scheune nicht folgen konnte, hat einen Umweg über den Hof und über das Tor zur Weide genommen und galoppiert jetzt wie ein weißer Blitz auf uns zu. Er ist wirklich ein verrückter Kerl. Und als Finley die Decke unter dem Baum mit seinen klingenden Windspielen ausbreitet, ist er der Erste, der sich darauf niederlässt und wälzt.

»Na super, jetzt ist sie voller Ponyhaare«, beschwert Finley sich halbherzig und scheucht Pitty wieder hoch. Mein Knie schmerzt, als ich es einknicken will. Manchmal tut es das, einfach so. Und dann wieder nicht. Finley stützt mich, damit ich es leichter habe.

Wind weht uns um die Nase, streicht über unser Haar und Effi setzt sich so hinter mich, dass wir mit dem Rücken aneinanderlehnen können.

»Willst du heute gar nicht zu deiner Ausgrabungsstätte?«, frage ich Finley, der mir gegenübersitzt und mich nachdenklich mustert.

»Doch, später«, sagt er und zieht etwas aus seiner Hosentasche. Ich kann nicht erkennen, was es ist.

»Mach die Augen zu«, bittet er mich dann und ich bin verwundert, dass Effi sich die ganze Zeit schon so zurücknimmt. Ich zögere.

»Mach schon.« Finley lächelt mir zu und ich gehorche doch. Ich fühle mich an Brian erinnert, an den Blick, mit dem er meine Tante bedacht hat. Ob Finley mich mag? Also, so richtig?

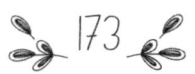

»Jetzt streck die Hand aus«, fordert er mich auf und ich blinzle.

»Oh, oh, nicht schummeln«, rügt er mich und ich spüre, wie seine Finger meine kurz berühren.

Etwas Kühles landet in meiner Handfläche und ich öffne die Augen. Ich erkenne die Kette von Claires Stand mit der Rose sofort.

»Claire sagt, sie gehört dir«, meint Finley und lächelt.

»Nein, ja. Ich habe sie bei ihr bewundert, aber sie gehört mir nicht«, erkläre ich ihm.

»Jetzt schon.« Seine grauen Augen liegen so aufmerksam und sanft auf mir, dass ich mir nicht sicher bin, ob es Claire ist, die sie mir schenkt oder Finley selbst. Effi bleibt stumm hinter mir. Ich wünschte mir, sie würde wie sonst drauflosplaudern. Denn mir fehlen die Worte.

»Danke, ich liebe sie«, sage ich nach unendlich langen Herzschlägen.

»Dann lass sie mich dir umlegen«, bittet Finley, nimmt sie mir wieder ab und beugt sich zu mir. Mein Puls beschleunigt sich, es fühlt sich kurz an wie fallen, und ich schlucke schwer.

Seine Finger streichen mein Haar zur Seite und Effi hinter mir bekommt einen Stoß, weil sie im Weg ist. Sofort trollt sie sich und kümmert sich um Pitty, der neben der Decke steht und grast.

Finleys Gesicht ist nahe meinem, während er versucht, den Ver-

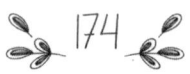

schluss in meinem Nacken zu schließen. Unwillkürlich rieselt ein Schauer meinen Rücken hinab.

»Du hast wahnsinnslange Wimpern«, stellt er fest und ich schlage die Augen verlegen nieder.

»Danke«, hauche ich.

»So, geschafft.« Er nimmt Abstand und meine Finger tasten nach dem wunderschönen Anhänger, erspüren die feine Rose, die mich so an Georgies erinnert.

»Finley ist allerdings nicht nur hier, um mit dir zu flirten«, kann Effi nicht länger an sich halten. Sie grinst breit.

Schmunzelnd gucke ich Finley an. »Ach, nicht nur?«

Der Junge verzieht seinen Mund und setzt sich im Schneidersitz neben mich.

»Ich hab ihm von Georges Tagebuch erzählt und natürlich …«

Finley unterbricht seine Schwester. »… und natürlich hat es mein archäologisches Interesse geweckt.«

»Was genau?« Ich blicke zum Stall, die Herde kommt wieder hinaus und hält auf uns zu. Wir sind interessant für sie.

»Der Teil mit dem Drachen, dem Ungeheuer«, sagt Finley und ich atme tief ein.

»Es gibt keinen Drachen. Einer der Verschütteten halluzinierte, was ganz logisch ist, nach dem, was geschah. Er hatte Verbrennungen, kein Wasser, keine Nahrung, da sieht man schon mal Dinge, die nicht da sind«, bin ich mir sicher.

»Mag sein, aber was ist, wenn er tatsächlich etwas gesehen hat. Ein Fossil. Uralte Dinosaurierknochen?« Finley scheint sich die Sensation schon zu erträumen.

Ich runzle die Stirn.

»Das wäre doch möglich, so könnte die Legende entstanden sein. Vielleicht hatten einige der Flüchtenden etwas von einem Fossil gesehen, das aber erst durch die Explosion freigelegt wurde, und durch die Panik und die giftigen Gase haben sie sich mehr einge-bildet, als da dann wirklich war«, spekuliert der Forscher in Finley weiter.

»Aber weshalb sollte es dann nicht später gefunden worden sein, als die Toten geborgen wurden?«, frage ich mich und die ersten Ponys aus dem Stall erreichen unser Lager. Midnight hüpft auf die Decke, knabbert an ihr. Wenn man das mit ihrem zahnlosen Milchmäulchen so nennen kann.

»Die alte Mine, also der erste Eingang, wurde zugemauert und ein Teil nie wieder betreten«, erzählt Finley und mir wird kalt, als der Sommerwind auffrischt.

»Dein Uropa war im neuen Teil verschüttet, nicht wahr? In dem, der bald sogar als Museum eröffnet wird. Richtig?« Sein Blick ent-wickelt einen Sog. »Ja, das mag sein. Und es gab einen Verbin-dungsschacht zum anderen Teil. Er war aber eingestürzt«, erinnere ich mich. »Und Jones, der vom Ungeheuer sprach, war im alten Teil«, wird mir klar.

»Bingo!«, freut sich Finley. Effi hingegen seufzt lang gezogen und tippt sich an die Stirn.

»Nix *Bingo*. Es gibt keinen Zugang mehr zum alten Teil und das aus gutem Grund«, mischt sie sich ein. In Finleys Augen blitzt es auf.

»Und wenn doch?«, fragt er und ich ahne, dass er tiefer in der Mine unterwegs war, als gut für ihn gewesen ist.

»Zu gefährlich«, werfe ich sofort ein und beiße die Zähne fest zusammen.

»Wäre es nicht fantastisch, wenn ich dir einen echten Dinosaurierzahn schenken könnte?«, fragt er und streicht mir eine Locke hinters Ohr.

»Fantastisch wäre, wenn dir nichts Schlimmes passiert«, antworte ich leise und plötzlich fährt mir die gleiche Angst in die Knochen, die ich verspürt habe, bevor ich bei meinem Unfall auf den Asphalt aufgeprallt bin.

Sein Mundwinkel zuckt. »Magst du mich etwa?«, fragt er mich und grinst neckisch.

»Ein bisschen.« Das ist wahrscheinlich untertrieben.

»Oh Gott, ihr seid so sonderbar«, stöhnt Effi, setzt sich neben mich und schiebt ihren Bruder mit dem Fuß weiter von mir weg.

»Wisst ihr, was ich mich die ganze Zeit frage?«, wechselt sie gekonnt das Thema. »Können Drachen eigentlich Kerzen auspusten?«

Finley schnauft genervt und zieht an ihrem Bein. Sie fällt fast hintenüber, was die neugierigen Fohlen flüchten lässt.

»Im Ernst, du gehst nicht so tief in die Mine hinein! Das ist nicht nur verboten, sondern es wäre auch außerordentlich dumm.« Ich starre ihn an und taste nach der Kette.

»Aber auch außerordentlich ruhmreich, sollte ich was finden.«

»Du spinnst doch«, würge ich heraus.

»Verstehst du denn nicht? Es wäre ein historischer Fund monumentalen Ausmaßes!«, entgegnet er.

»Erde an Finley, du bist dabei, es zu vermasseln. Enola hält dich gleich für einen armen Irren, der an Idiotie *monumentalen Ausmaßes* leidet.« Die Worte scheinen etwas mit ihm zu machen, denn seine Haltung versteift sich.

»Ich werde es euch beweisen«, meint er und steht auf.

»Okay, okay, ich glaube dir ja. Aber …«

Weiter komme ich nicht, da dreht er sich um und läuft davon.

»Der kann nicht mit mir verwandt sein«, vermutet Effi einmal mehr. »Der ist adoptiert. Oder ich bin adoptiert. Ich muss unbedingt die Unterlagen meiner Eltern durchstöbern.«

»Wir sollten ihn nicht so was Dummes tun lassen«, sage ich und Effi zieht Midnight wie einen Plüschteddy auf ihren Schoß.

»Wir könnten ihn verpfeifen, bei meinen Eltern. Oder gleich bei der Polizei?«

Ich verziehe das Gesicht. »Zu drastisch. Wir sollten wahrschein-

lich lieber hinterher und aufpassen, dass er keinen Unsinn macht«, schlage ich vor und Effi knutscht die Fohlennase.

»Komisch, früher war das mal andersherum. Weißt du noch, als wir Mary Poppins spielen und mit dem Schirm aus dem Fenster hüpfen wollten?« Effi kichert. »Da war es Finley, der uns davon abgehalten hat. Übrigens, indem er uns bei Hillary verpetzt hat. Ich finde, gegen Petzen ist nicht viel einzuwenden.«

Gott, das hatte ich verdrängt. Ich stehe auf.

»Trotzdem. Wir sollten noch mal mit ihm reden.«

»Eile mit Weile. Der kann frühestens am Nachmittag auf seine dummen Ideen kommen. Denn in einer halben Stunde muss er was für meine Mutter erledigen«, winkt Effi ab und setzt das Fohlen wieder auf seine vier Beine.

Wirklich beruhigen tut mich das nicht. Aber als wir Hillary sehen, wie sie mit einem Affenzahn zurück zum Cottage fährt, schauen wir erst mal bei ihr nach dem Rechten und nehmen uns vor, am Nachmittag zur Mine zu gehen.

# Wenn einer in die Grube fällt ...

»Wie unangenehm«, findet Effi, als Hillary andeutet, nicht dasselbe für den verliebten Brian zu empfinden wie er für sie. Und wie mag sich erst Queen Elisabeth fühlen?

»Magst du ihn denn gar nicht?«, hake ich nach und frage mich, wie viele Männer meine attraktive Tante im Laufe der Jahre wohl so abserviert hat.

»Schon, aber nicht so sehr, dass er bei mir einziehen darf.« Hillary lässt sich seufzend auf den Sessel fallen, verfehlt nur knapp den pennenden Dobby. Mit weit aufgerissenen Augen bringt der erst mal Abstand zwischen ihren und seinen Hintern.

»Ich sollte mit Elisabeth reden«, fürchtet sie und Effi nickt bestätigend.

»Ja, unbedingt. Aber ich hoffe, du bist gut versichert.«

Ein trockenes Lachen verlässt Hillarys Kehle. »Das hoffe ich auch. Elisabeth hat ein Talent, sich in Dinge hineinzusteigern.«

Effi legt den Arm um mich. »Aber mach dir keine Sorgen um Enola, falls dir was passiert. Ich kümmere mich gut um sie. Und um die Ponys natürlich. Ich bin sehr gut im Kümmern«, verspricht sie.

Hillary hat wahrscheinlich nicht wirklich zugehört, murmelt nur

etwas von Erwachsenenproblemen und dass sie die Hühner und das Hähnchen noch füttern muss.

Ich drücke sie einmal fest. »Du sagst immer: Am Ende wird alles gut. Und wenn es nicht gut ist, ist das Ende noch nicht erreicht.«

»Ja, und ihr solltet euch nicht mit meinem Kram beschäftigen«, meint sie und ringt sich ein Lächeln ab. »Am besten, ihr genießt das schöne Wetter«, rät sie und wir überlassen sie ihren Grübeleien.

Wir gehen hinauf in mein Zimmer. Dobby folgt uns und setzt sich demonstrativ auf mein Bett, was Effi dazu veranlasst, sich lieber gleich auf dem Fußboden niederzulassen.

»Ich schwöre dir, der Kater hasst mich«, raunt sie und ich muss zugeben, wenn Dobby so guckt, frage ich mich, ob man an ihm einen Exorzismus durchführen sollte.

»Ach, der ist nur etwas angespannt«, winke ich trotzdem ab.

»Sicher? Ich könnte schwören, er plant gerade meinen Tod«, überlegt Effi und nimmt das kleine Buch vom Nachttisch.

Meine Gedanken wandern zu Finley, seinem entschlossenen Gesichtsausdruck, als er davon sprach, in den alten Teil der Mine zu steigen. Unruhe kriecht mir wie ein winziges Getier unter die Haut und ich blicke auf die Uhr.

»Wir sollten langsam los, um Finley abzufangen«, denke ich laut und Effi blättert in Georgies Buch herum, sucht die Stelle mit dem Drachen.

»Hast du schon mal rausgeguckt. Ein Sturm zieht auf«, meint sie, ohne aufzublicken. Beinahe zeitgleich mit ihren Worten schieben sich schwarze Wolken vor die Sonne und ein Grollen rollt übers Cottage. So viel zu Hillarys »Genießt das Wetter«.

»Vermutlich verschiebt Finley seine Dummheit auf morgen.«

»Und wenn nicht?« Ich erinnere mich an den Moment, als er mir die Kette umgelegt hat. Und mit der Erinnerung verspüre ich wieder dieses intensive Gefühl, das mich auch jetzt noch aufwühlt.

Effi antwortet nicht auf meine Frage, runzelt die Stirn und versucht, Georgies Schrift im vorletzten Eintrag zu entziffern, die immer unsteter wird.

Ich fürchte, dies wird mein letzter Eintrag werden. Bald habe ich kein Licht mehr und die Luft ist unerträglich dünn. Lucky geht es nicht gut. Er liegt die ganze Zeit, bettet seinen Kopf auf meinen Schoß und atmet schwer. Ich habe Angst, er stirbt mir weg.
Mein Freund, mein Gefährte.
Dann wäre ich ganz alleine.
Der Gedanke ist unerträglich.
Ich wünschte, ich könnte meine Schwestern noch einmal sehen und in den Arm nehmen. Und meine Mutter.
Ich sehe sie noch vor mir, wie sie mit einer Mischung aus Stolz und Unbehagen ihren einzigen Sohn in die Arbeit unter Tage entließ.

Mit einer kleinen Feierlichkeit wurden wir jungen Männer in die Ausbildung genommen und die Mütter durften sich ein Bild vom Fortschritt der Lady-Grace-Mine machen. Sogar der Betreiber Lord of Grace war anwesend und schüttelte eifrig die Hände der Frauen, die auf die Unterstützung der Söhne nach dem Krieg angewiesen waren.

Meine Mutter trug ihr bestes Kleid und in der Unwirklichkeit der Grube schienen die Frauen wie Geister. Wenn ich die Augen zusammenkneife, kann ich sie sehen, wie sie an den Gleisen zur Einfahrt stehen und lächeln.

»Wie Sie sehen können, ist durch die neuen Techniken die Bewetterung sehr viel besser. So werden die unten liegenden Schächte mit Frischluft versorgt und die Männer können frei atmen«, höre ich den Minenleiter stolz erzählen.

Wo ist die frische Luft jetzt?

»Die Schächte haben Lastenaufzüge, die im Ernstfall durch Notstrom laufen. Die Sicherheitsprotokolle sind umfangreich und verhindern Zwischenfälle.«

Mir kommt es vor, als stünden wir alle erneut feierlich zusammen und erhöben das Glas auf die Lady-Grace.

Gute Nacht, mein Freund, gute Nacht, singe ich Lucky das Lied, das ich meinen Schwestern vor nicht allzu langer Zeit sang. Ich spüre Fionas Hände, die sich um meinen Nacken legen, während ich ihr einen Kuss auf die Stirn hauche.

Müdigkeit hängt schwer wie ein Mühlstein an mir und ich bin in Versuchung, ihr einfach nachzugeben.

Ich werde das Licht löschen.

Gute Nacht, bye, bye.

»Gott, ist das traurig«, schluchzt Effi, als sie zu Ende vorgelesen hat, und ich knote mir ein blaues Halstuch um, dass Sarah mir bei einem Besuch im Krankenhaus geschenkt hat.

»Traurig trifft es nicht ganz«, finde ich und ein Blitz erhellt das Zimmer mit seinen Blümchenvorhängen und den Häkeldecken.

Dobby hat seine Pfote auf meinen Fuß gelegt und sieht meinen großen Zeh komisch an. Ich wage es nicht, mich zu bewegen.

»Hast recht, das ist der Stoff, aus dem Albträume sind. Wir sollten nach meinem dummen Bruder sehen.«

Der Kater öffnet ganz langsam sein kleines Maul.

Ich schnappe nach Luft. »Denk nicht mal dran«, warne ich ihn und Effi, die aufgestanden ist und das Buch auf den Tisch gelegt hat, hebt die Augenbrauen.

»Ich dachte, du magst meinen Bruder?« Sie scheint meine Worte auf ihren Vorschlag zu beziehen.

»Tue ich auch, ich meine den sockenbesessenen Hauself.« Denn dieser hält meinen Strumpf mit den Krallen fest und zeigt seine Zähne.

»Wehe, du tust das«, brumme ich, bereit, Dobby einen kleinen

Stups zu versetzen. Er überlegt eine Weile, die Zähne über meinem Zeh schwebend, und beißt dann lieber in die Bettdecke. So ein Monster. Ich befreie meinen Fuß, während er sich austobt und wie verrückt mit rollenden Augen den Zipfel malträtiert.

Effi steht vorm Fenster, schaut hinaus. »Es hört auf zu regnen, dann satteln wir mal die Hühner«, zwitschert sie und greift sich im nächsten Moment ihre Jacke.

»Du bist eindeutig zu viel bei Bob«, entgegne ich ihr und folge ihr nach. »Hühner, so ein Unsinn. Wir nehmen lieber Pitty.« Dobby fegt mir einmal mehr durch die Beine, um vor uns die Treppe hinunterzukommen. Das Leben ist echt gefährlich. Und es schwant mir nichts Gutes, als wir hinaus auf den Hof treten. Der Wind erhebt sich, vertreibt die restliche Sommerwärme und zerrt an meinem Haar. All die bunten Ponys haben sich mit ihrem Nachwuchs in den Stall zurückgezogen und die Schafe in der Ferne rotten sich zu einem geballten Wollhaufen zusammen.

Pitty muss trotzdem nicht überredet werden. Er ist bei jedem Wetter für einen Ausflug zu haben. Fröhlich trabt er hinaus, zieht die kleine Kutsche mit uns beiden darauf durch Pfützen zur Straße. Diesmal habe ich die Zügel in der Hand und lenke ihn, unter Effis strengem Blick natürlich. Sie plaudert über Finleys Geltungsbedürfnis. Darüber, dass es für ihn seit Kindertagen unheimlich wichtig ist, dass sein Forscherdrang ernst genommen wird.

»Ja, aber deshalb muss man ja nicht sein Leben gefährden«, bin

ich mir sicher und bremse Pitty, als er mir zu schnell wird. Niemand ist unterwegs, kein Auto und kein Radfahrer.

»Ich glaube, er will dir imponieren«, wirft Effi zerknirscht ein.

»Toll, jetzt bin ich auch noch schuld?« Hektisch ziehe ich mir die Kapuze des Regencapes tiefer ins Gesicht. Schuld trage ich schon genug mit mir herum. Vielen Dank dafür. Ich lasse die Zügel locker und Pitty zieht wieder an, seine kleinen Hufe klappern auf dem Asphalt.

»Quatsch. Aber Finley hat das Gefühl, er sei unbesiegbar«, überlegt Effi und seufzt. »Im Zoo wollte er mal ins Löwengehege klettern, um ein Foto zu machen. Mehr brauch ich wohl nicht zu sagen.«

»Was?« Mein Blick zuckt zu ihr und sie winkt ab.

»Er war erst acht. Ich nehme an, sein Hirn ist seitdem noch ein bisschen gewachsen«, hofft sie und ich sehe ihn vor mir. Wie er mich sacht um sich herumdreht, lächelnd, und mit mir tanzt. Mit dieser Mischung aus Schüchternheit und Übermut im Gesichtsausdruck.

Wenig später, als gerade die nächste Regenfront vom Meer herüberzieht, erreichen wir endlich die Mine.

»Wir sind daha! Tralalaha!«, singt Effi und ich bremse, suche mit Blicken die Umgebung ab. Finleys Rad steht neben dem Waggon im Waldstück, doch von ihm gibt es keine Spur.

»Brrr, Pitty.« Schnell stelle ich die Bremse fest und das Pony stoppt vor dem ausgetrampelten Pfad. Bevor ich absteigen kann, wird es dunkel und Regen geht schlagartig auf uns nieder.

»Aah, die Sintflut!«, kreischt Effi. »Wo ist die Arche, wenn man sie braucht?«

Beinahe rutsche ich auf dem nassen Untergrund aus und beeile mich, zum Pony zu kommen. Der Regen ist so stark, dass Pitty ganz unruhig wird.

»Wir können Pitty nicht einfach hierlassen«, rufe ich über den Regen und Effi kommt mir zu Hilfe. Mit geübten Griffen spannt sie ihn ab und wir führen ihn in den Schutz der Bäume.

»Was für ein Regen, darin könnte ja ein Fisch ersaufen.« Effi wischt sich das Wasser aus dem Gesicht. Ich mache unendlich viele Knoten in den Strick, mit dem ich Pitty an eine Birke binde. Er beobachtet mich genau dabei, analysiert meine Bewegungen.

»Tu mir den Gefallen und bleib einfach in der Nähe, ja?«, bitte ich den kleinen Entfesselungskünstler. Dann renne ich, so schnell es mit meinem Knie geht, neben Effi durch den Regen in Richtung Mine. Die Inschrift auf dem Findling jagt mir einmal mehr eine Gänsehaut über den Rücken: *In Gedenken an die Verstorbenen.*

Flink wie ein Wiesel drückt Effi das halb geöffnete Gitter weiter auf und schlüpft in den schwach beleuchteten Gang. Jemand hat den Strom angestellt. Ich sehe noch den kleinen Tisch mit Finleys Fundstücken, die er hier bearbeitet und gesäubert hat.

»Bruderherz, du Vollidiot!«, brüllt Effi in den Stollen hinein und Stille antwortet ihr. »Wo bist du?«

Plötzlich ist da dieses Gefühl, diese Beklemmung, die ich im Krankenhaus oft verspürt habe. In dieser seltsamen Zeit auf der Intensivstation zwischen Schlafen und Wachen.

Ich zögere.

»Ich wette, mein Verlobter wäre damit nicht einverstanden, dass ich hier reingehe«, vermutet Effi.

»Mister Peabody?« Nun, ich gehe davon aus, dass Schildkröten im Allgemeinen zurückhaltend sein dürften, was Abenteuer angeht.

Ich folge Effi, löse mein Halstuch etwas, weil ich kaum Luft bekomme. In den Boden eingelassene Schienen laufen schnurgerade in den Bauch des Berges.

»Findest du auch, es riecht komisch?«, fragt Effi mich, während sie Schritt für Schritt weiter in die Lady-Grace vordringt.

»Abgestanden«, finde ich. »Wie totes Gewässer.«

Der erste Teil des Ganges ist mit Brettern ausgekleidet und von schweren Balken gestützt. Stromleitungen liegen an der Decke und die Schienen sehen aus, als könne eine kleine Lock darauf fahren. Noch kann ich das Tageslicht vom Eingang ausmachen. Irgendwann wird der Gang breiter, je weiter wir ins Innere vordringen, und ich angle nach Effis Hand. Ich hebe den Blick, betrachte die kleinen Lampen an der Decke, die schwaches Licht ausstrahlen, das von den Schatten hier drinnen gefressen wird.

»Vielleicht ist er gar nicht hier«, hoffe ich plötzlich und es zieht mich zurück an die frische Luft.

»Ich kann ihn wittern, den Troll. Das kann ich immer«, ist Effi überzeugt. »Einer der Gründe, warum er es nie schafft, mich zu erschrecken. Er hat es früher tausendmal versucht und ich wusste schon immer vorher, wenn er sich hinter der Tür oder unterm Bett versteckt hatte.«

Der Stein der Wände ist kalt und rau und wenn er sprechen könnte, wäre es wahrscheinlich keine heitere Geschichte, die er erzählen würde.

»Schau mal, da stehen die Förderwagen«, erkennt Effi und zieht mich mit sich zum Abstellgleis, auf dem ganze vier Wagen stehen. Es ist dunkler dort, das Licht der Lampen reicht nicht bis in die hintersten Ecken. Und die Dunkelheit dahinter scheint zu lauschen.

Weiter rechts ist eine Art Käfig, der Förderkorb. Effi lässt meine Hand los, geht weiter und leuchtet zu einer Vorrichtung aus Stahl. Eine Kabine, die an Stahlseilen hängt, um schwere Lasten hinauf und hinab zu befördern.

Effi legt den Finger an die Lippen und lauscht.

»Hast du das gehört?«, fragt sie leise und meine Nackenhaare stellen sich auf. »Ich wette, Finley ist da runtergefahren.«

Ich möchte das gerne verneinen, als unmöglich bezeichnen, doch wenn man genau hinsieht, erkennt man Licht in der Tiefe.

»Unfassbar«, flüstere ich und trete unsicher von einem aufs andere Bein, während Effi sich über den Schacht lehnt und erneut nach ihrem Bruder ruft: »Finley!«

Ihre Stimme hört sich schrill an und ich spüre sofort, dass sie damit etwas geweckt hat. Die abgestandene Luft bewegt sich plötzlich, fährt mir durchs Haar. Und im nächsten Moment weht eine flatternde Wolke über uns hinweg.

Ich stoße einen Schrei aus, schütze, so gut es geht, mein Gesicht. Effi zieht mich in die Deckung eines Waggons und schreit mit mir um die Wette.

Erst spät wird mir klar, dass es Fledermäuse sind, die wir gestört haben und die nun panisch versuchen zu entkommen.

Sie flattern und huschen an uns vorbei, verfangen sich dabei aber zum Teil in meinem Haar. Alle möglichen Gruselgeschichten poltern durch meinen Kopf und ich vergrabe mein Gesicht in den Händen, während Effi eine Fledermaus aus meinem Kragen wegzupft. Ich könnte zum Vampir werden oder zu einem Zombie mutieren. Wer kann wissen, ob an Legenden nicht doch etwas dran ist?

»Ist das furchtbar«, trifft Effi es haargenau. »Ich hoffe, du bist gegen Tollwut geimpft?«

Mein Herz schlägt wie wild und mir wird schwindelig.

»Wenn das deine einzige Sorge ist«, raune ich und schaue dem Schwarm nach, der den unendlich langen Tunnel entlangfliegt und bald darauf verschwindet.

Dann höre ich plötzlich eine Stimme aus dem Schacht, die zu uns spricht. »Hallo, Mädels, passt auf die Fledermäuse auf«, sagt sie und meine Zähne knirschen. Finley. So ein Witzbold!

»Oh, gut. Er lebt noch«, meint Effi triumphierend und kommt aus der Deckung. »Dann kann ich ihn höchstpersönlich umbringen.«

Ärger steigt in mir auf. Wenn Finley nicht wäre, würde ich jetzt nicht fast kotzen müssen vor Aufregung.

»Komm sofort da raus«, rufe ich ihm zu und berühre meine Halskette.

»Enola, lieber nicht. Kommt ihr runter. Das müsst ihr euch selbst ansehen!«, antwortet er, anstatt zu gehorchen. »Ich schick euch den Aufzug nach oben.« War ja klar, dass er es uns nicht so einfach machen würde.

Und ganz plötzlich ertönt ein Rattern und Schnurren, als sich der Mechanismus in Bewegung setzt. Das Stahlseil wird von einem Rad über uns angezogen und der Aufzug nach oben gebracht.

*Wie weit geht es denn da runter?*, frage ich mich und mir wird mulmig. Und als lese Finley erneut meine Gedanken, ruft er: »Alles total sicher, werdet ihr sehen. Ich hab doch erzählt, es wird bald für Besucher freigegeben. Ich würde hier sonst nicht runtersteigen, ich bin doch kein Idiot.«

Effi schürzt die Lippen. »Da bin ich mir nicht sicher. Aber neugierig bin ich ja schon«, sagt sie und rüttelt am Lastenaufzug, als er still steht. Ich ziehe das Gitter auf, teste vorsichtig mit einem Fuß.

»Ihr müsst den roten Knopf, der nach unten zeigt, drücken. Und das Gitter muss einrasten, sonst fährt er nicht los.«

Es ist Effi, die zuerst drin steht in dem Käfig aus Stahl.

»Los, macht schon, ich will euch was zeigen!«, wird Finley ungeduldig.

»Kaum zu glauben, dass Ponys mit dem Ding in die Tiefe gelassen wurden«, überlegt Effi. »In dem alten Teil der Mine gab es so einen Aufzug gar nicht. Da wurden die armen Ponys in Seile gehängt und manuell hinabgelassen. Total fies.«

Ich schließe das Tor, lasse es einrasten, wie Finley gesagt hat. Der Motor beginnt zu schnurren, als Effi den Knopf drückt. Finley hatte recht. Hier ist alles auf dem neuesten Stand, um Besucher durch die Grube zu führen.

Es ruckt, unwillkürlich klammere ich mich an Effi und der Aufzug setzt sich in Bewegung, immer tiefer.

»Thihii, ich glaube, du bist gar nicht Aszendent *Keine Ahnung*, sondern *Klammeraffe*«, frotzelt sie.

Das große Eisenrad über uns knarrt. Unendliche Sekunden sehe ich nur grauen Stein und dann landen wir in ca. 100 Metern Tiefe.

Mein Knie kribbelt und piekst, vermutlich, weil mein Blut wie wild durch meine Venen getrieben wird vor Aufregung.

»Willkommen in meiner Welt«, lädt uns Finley ein und leuchtet sich mit seiner Taschenlampe an. Die Umgebung ist alle paar Meter schwach beleuchtet. Man erkennt die Gänge, die sich von hier verzweigen. Einer davon führt zu Holzverschlägen mit Fässern und weiteren toten Gleisen, auf denen Waggons parken.

»Ist das der Pferdestall?«, frage ich und werde magisch von dem Verschlag – mehr ist es nicht – angezogen. Wenn ich überlege, wie viel Platz Hillarys Ponys haben! Oder wie groß Hopes Box war …

»Es wurde alles originalgetreu wiederaufgebaut«, erzählt Finley stolz und beginnt, zu referieren, wie unser Geschichtslehrer es nicht besser könnte. »Hier standen vier Grubenpferde, Pit-Ponys, die Förderwagen zum Schacht oder zu Umladestationen zogen. Die Ponys haben zum industriellen Aufschwung wesentlich beigetragen.«

»Und sie haben einen hohen Preis gezahlt«, füge ich nachdenklich hinzu und mir graut bei dem Gedanken, dass Pitty oder sonst ein Pferd das heute noch tun müsste.

»Das haben alle, die in den Minen waren, Enola. Jeder, der lange unter Tage arbeitete, hatte mit Grubenkrankheiten, zum Beispiel mit einer Staublunge, zu kämpfen und nahm einen frühen Tod in Kauf. Dafür mussten die Familien aber nicht hungern, was zu damaligen Zeiten eine große Rolle spielte«, klugscheißt Finley und führt uns näher zu den rekonstruierten Ställen. Auf einer Holzlatte steht sogar der Name Lucky und ich muss schlucken. Hier hatten sich Georgie und Lucky also verkrochen, als alles um sie herum explodiert war. Es fühlt sich unwirklich an, jetzt hier zu stehen. Beinahe sehe ich meinen Uropa neben einem von Kohlenstaub verdreckten Pony in der Ecke des Bretterverschlags kauern. Ängstlich und verzweifelt.

»Bevor die Ponys in den Minen eingesetzt wurden, haben Frauen und Kinder die Wagen gezogen«, klärt uns Finley weiter über die alten Zeiten auf. »In Großbritannien wurden um 1914 etwa 70 000 Pferde eingesetzt und 1984 nur noch etwa 55. Zumindest sagen das die Zahlen, aber der tatsächliche Bestand dürfte höher liegen, weil die vielen versteckten Privatgruben längst nicht erfasst wurden.«

Ich nicke, denke an Georgies Engagement für die Ponys. »Ich weiß, mein Uropa eröffnete eine der ersten Erholungszentren für Grubenponys und kämpfte für einen besseren Tierschutz.«

Die Atmosphäre hier unten ist bedrückend, so dicht und schwer, als könne sich sie Umgebung noch genau an die Verzweiflung der Verunglückten erinnern.

»Boah, Finley, langweile uns nicht mit deinem Gerede. Sag lieber, was du uns zeigen wolltest!«, murrt Effi und ich schaue mich interessiert um. Die winzigen Boxen sind mit Holzspänen eingestreut, als würden jeden Moment die Tiere zum Schichtwechsel zurückkommen und pausieren. An der gegenüberliegenden Wand sind Harken in den Stein getrieben, um Halfter, Trensen und einfache Schleppgeschirre aufzuhängen. Ein kleiner Tisch steht ganz hinten und zwei Stühle laden zum Pausieren ein. Sogar ein Kartenspiel hat seinen Platz neben der Lampe. Es fehlen nur noch die Arbeiter, die in Kohle verschmutzten Kleidern dort sitzen und in ihrer Pause Brote teilen und spielen, bevor es mit Spitzhacke, Hammer und Schaufel weitergeht.

»Krass, die haben hier unten sogar Mauern hochgezogen, um die Gänge zu sichern«, erkennt Effi und ich betrachte den Rundbogen aus Klinker, der in einen Gang führt, aus dem einst Kohle geschlagen wurde. Natürlich rennt Effi gleich voraus, lässt die Hände über die kantigen Steinformationen streichen und stoppt plötzlich. »Was ist das denn?«

Ich blicke ihr nach, ziehe scharf die Luft ein. Eine menschliche Gestalt hockt vor einer Kuhle, die sich so verjüngt, dass sie kaum mehr einen Meter hoch ist und von Holzstämmen gestützt wird. Sie trägt einen Helm mit Lampe und wirkt unnatürlich verdreht, die Latzhose ist eingerissen. Eiswasser scheint mir durch die Venen zu schießen.

»Ist der tot?« Eine Hand kriecht auf meine Schulter und ich fahre zusammen.

»Nein, das ist doch nur eine Puppe.« Finley lacht trocken und legt den Arm um mich.

»Das findest du komisch, ja?« Ich blicke zu ihm auf, mein Puls rennt davon und er zwinkert.

»Ein bisschen.« Er deutet auf die Kohleschicht, die sich im Gestein zeigt. »Es ist eine nachgebildete Szene, wie Kohle geschlagen wurde.«

Ich weiche zurück, reibe mir über die Arme. Niemals hätte ich hier arbeiten können. Die Beklemmung will mich einfach nicht loslassen.

»Cool, da hängen ja Schuhe rum.« Effi hebt den Kopf. Nahe der Stallung wurden Gasmasken, alte Stiefel und andere Kleidungsstücke der Bergleute aufgehängt. Es sieht gespenstisch aus, wie sie vom Licht angestrahlt werden.

»Ein bisschen gruselig ist der Anblick ja schon, oder? Falls jemand meine Hand nehmen möchte?«», scherzt Finley und reicht sie mir einladend. Ich spüre Staub auf seinen Fingern als ich sie ergreife, und lasse mich von ihm zu Effi führen.

»Man hat schon vor dreißigtausend Jahren nach Feuersteinen und Farbe gesucht«, erzählt Finley mir. »Die Geschichte des Bergbaus ist so alt wie die Menschheit selbst. Ich finde das außerordentlich faszinierend. Eisen und Kohle zum Beispiel waren der Treibstoff einer ganzen Epoche.«

In Finleys grauen Augen spiegelt sich das Licht der Lampen.

»Jetzt kommen wir zum interessanten Teil«, sagt er und grinst leicht verschlagen. Ich folge ihm zu einem sehr schmalen Stichweg, der weit hinter den Stallungen verborgen liegt. Eine Metallplatte steht daneben und lässt vermuten, dass er verschlossen sein sollte.

»Der Gang ist verbunden mit dem alten Teil der Lady-Grace«, erklärt Finley eifrig. »Und hier habe ich auch das Fossil entdeckt.«

Ich weiß sofort, wo wir sind. Hier hat sich Georgie durchgekämpft bis zum eingestürzten Teil des Ganges, hinter dem sein Kumpel Jones gefangen war. Eben der Bergmann, der behauptete, einen Drachen gesehen zu haben.

Ich werde langsamer, zögere, als Finley seine Taschenlampe anmacht und in die Dunkelheit leuchtet.

Er drückt meine Hand. »Hast du Angst?«, fragt er sanft. »Ich bin bei dir und pass auf dich auf.« Ich spüre, wie er neben mir wächst und wie sehr er mich begeistern möchte. Und gegen alle Vernunft lasse ich mich hineinführen in den Gang, den man kaum nebeneinander beschreiten kann.

Es wird immer dunkler. An der linken Seite befindet sich eine Halterung, an der man sich entlangtasten kann.

»Wir sollten nicht hier sein«, sage ich und folge Finley doch weiter in die Finsternis. »Niemand sollte hier sein.« Das hatte auch Jones gesagt.

»Was wäre die Menschheit ohne Bodenschätze?«, antwortet Finley, anstatt wirklich auf das Gesagte einzugehen. »Wir brauchen sie für alles. Autos, Handys, Schmuck.«

Ich kann seine Begeisterung nicht teilen, spüre vielmehr die Feindseligkeit der Umgebung.

»Ich bin daha«, ruft Effi hinter uns in den Schacht hinein und ihre Stimme wird so unwirklich verschluckt, dass ich sie fast nicht wiedererkenne.

»Wo wollt ihr beiden Idioten denn hin? Es gibt übrigens schönere Orte für ein Schäferstündchen«, sagt sie und lacht sich kringelig. »Schäferstündchen, versteht ihr? Schafe. Brian. Hahaha.«

»Ja, du bist witzig, Effi. Glückwunsch«, entgegnet Finley mit

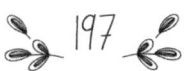

einem genervten Blick über die Schulter. Effi holt uns ein, zupft an meinem Arm und ich bleibe stehen.

»Und du brauchst dich nicht so aufzuspielen, Finley. Nur weil du auf Enola stehst. Das hier wird echt langsam albern. Lass uns lieber zurückgehen.«

Er lässt mich plötzlich los, als hätte ich ihn verbrannt.

Vielleicht hätte Effi es nicht so deutlich sagen sollen, denn ich kann sehen, wie Trotz in Finley erwacht.

»Dann kehrt um.« Leichtfüßig und schnell geht er weiter.

»Tu was«, flüstere ich Effi zu, die mir mit der Handylampe ins Gesicht leuchtet.

»Komm schon, Finley. Meiner bescheidenen Meinung nach gibt es wirklich romantischere Orte.«

»Deiner Meinung nach?«, wiederholt Finley angefasst. »Hättest du deine Meinung nicht einfach zu Hause lassen können? Ich hab euch übrigens nicht eingeladen, heute hierherzukommen«, stellt er klar und lässt sich nicht beirren. Die wenige Sicherheit, die ich durch Finley verspürt habe, geht verloren, je weiter er sich entfernt. Der Kegel der Taschenlampe huscht unruhig voran.

»Sehr feinfühlig«, murre ich Effi an und ich sehe noch Finley durch einen Spalt schlüpfen. Somit ist er im alten Teil der Mine. Dem Teil, der verflucht viele Opfer forderte.

»Finley, sorry«, zwitschert Effi versöhnlicher und wir folgen ihm. »Komm schon, lauf uns nicht weg.«

Ich wünschte, die Taschenlampen unserer Handys könnten mehr Licht erzeugen. Die Dunkelheit nimmt viel zu viel Platz ein.

»Keine Ahnung, was Finley so toll hier unten findet«, mault Effi und wir erreichen eine Bretterwand, die den alten Teil von diesem trennt und einen Spalt freigibt. Vorsichtig setze ich einen Fuß durch die Öffnung, schiebe den Rest meines Körpers hinterher.

Als mir die Verwüstung entgegenschlägt, stockt mir den Atem. Außer dass die Opfer geborgen worden waren, hatte man hier wohl alles so gelassen, wie es nach der Feuerwalze aussah.

»Pass bloß auf, wo du hintrittst«, rät mir Effi und stolpert über Geröll. Gerade noch fange ich ihren Sturz ab und verliere mein Handy.

»Fuck«, stößt Effi aus und hebt es für mich wieder auf. »Ein bisschen Spucke und es ist wie neu«, meint sie, rubbelt es an ihrem Pullover und gibt es mir. Zum Glück leuchtet es noch und ich gehe langsam weiter. In der Ferne bewegt sich Finley, wie ein Irrlicht tanzt die Taschenlampe.

Wir kommen zu einem Waggon, der vollkommen zerbeult auf der Seite liegt. Er muss wie ein Spielzeug an die Wand geworfen worden sein und ich wünschte, Effi hätte nicht ihr Licht dorthingleiten lassen. Denn halb unter ihm blitzt etwas Weißes hervor. Das Skelett eines Pit-Ponys.

»Oh, das arme Ding«, sagt sie bedauernd und ich wende den

Blick schnell ab. Versuche, Primzahlen aufzuzählen, um mich abzulenken.

Ich will nicht darüber nachdenken, woran es hier unten gestorben ist.

»Lass uns deinen Bruder holen und verschwinden«, maule ich und steige über einen schräg liegenden Balken, der von der Decke hinabgestürzt sein muss.

»Überhaupt, wer sagt, dass dieser Teil nicht einsturzgefährdet ist?« Sicher sein kann man sich da nicht.

»Finley sagt das.« Effi zuckt mit den Schultern.

»Und der weiß das, weil?«

»Weiß auch nicht, Geologe ist er jedenfalls nicht«, entgegnet sie nachdenklich und mir wird schwindelig. Etwas stimmt nicht mit der Luft hier unten.

»Eben.« Jemand sollte Finley mal ordentlich schütteln und ihn mit großen Löffeln Vernunft füttern.

Das Licht verweilt an einer Abzweigung, Finley muss stehen geblieben sein und ich zupfe an Effis Arm.

»Komm, beeil dich.« Eine Weile können wir im Laufschritt vorantraben, immer mit Blick auf den Boden, und wir erreichen den verrückt gewordenen Jungen mit den schönen Augen. Ist es bescheuert, dass mir in solch einer Situation so ein Gedanke durch den Kopf geht? Vermutlich. Wahrscheinlich liegt es an der schlechten Luft hier unten. Sie schmeckt eigenartig.

Er dreht sich nicht zu uns um, hält uns lediglich warnend die Hand entgegen. Sofort werde ich langsamer.

»Was hat er?«, fragt sich Effi im Flüsterton und Finley legt den Finger an die Lippen, linst um die nächste Ecke eines Stollens. Wir kommen näher, er nimmt meine Hand und deutet nach vorne. »Siehst du dasselbe wie ich?«, fragt er leise.

Zuerst wage ich es nicht, seinem Blick zu folgen, dann tue ich es doch. Und was ich meine zu sehen, ist unmöglich. Ein riesiges Tier mit langem Hals und kleinem Kopf liegt dort im Schatten.

»Das kann nicht …«

Vor uns erstreckt sich eine Höhle, die durch einen Einsturz entstanden sein muss. Vielleicht war hier ein Sammelpunkt für Abraum, also dem Gestein, das man aus den Gängen und Stollen schlägt, um die kohleführenden Schichten zu finden. Überall rinnt Wasser an den Wänden hinab und macht leise Plätschergeräusche.

»Drache«, haucht Effi. »Wirf mal was«, schlägt sie wahnwitzig vor, während ich immer noch dabei bin zu ergründen, ob es eine Halluzination ist, was ich da sehe. Meine Schläfen pochen und ich hebe die Handylampe. Der Lichtkegel huscht zu dem schlafenden Riesen. Es dauert einige Herzschläge, aber dann wird mir etwas klar. Das Ding atmet nicht. Ich verenge den Blick, betrachte es genauer. Ein Lachen zuckt in meinem Mundwinkel.

»Das ist kein Lebewesen«, flüstere ich und Finley verrät sich, in dem er versucht, sein Lachen zu verbergen.

»Nein, es muss ein versteinertes Skelett sein«, meint er und leuchtet es nun auch aus. »Ich hab es euch gesagt«, freut er sich. »Dankt mir später dafür, dass ihr am Fundtag dieser Sensation dabei sein konntet.«

Um näher heranzukommen, müssten wir uns durch einen weiteren engen Spalt aus Geröll und eingestürzten Balken schieben. Und ich kann nicht erkennen, was alles auf dem Boden versprengt liegt.

»Ihr bleibt besser hier«, bestimmt Finley und lässt uns stehen.

»Ich denk gar nicht daran«, murmelt Effi natürlich sofort und schiebt mich zur Seite. Wie ein flinkes Wiesel ist sie hinterher und ich verschlucke einen Fluch.

»Ja, kein Problem. Vorsicht ist die Mutter der Glasmanufaktur, aber wir machen einfach mal …«

Wenig später höre ich Effi laut lachen und sehe, wie Finley sich niedergeschlagen auf einen der umherliegenden Balken setzt.

»Was ist los?«, will ich wissen und balanciere über Geröll.

»Das ist nur ein Stein. Das Ding ist weder Fossil noch Skelett noch Tier – es hat nie gelebt! Es ist einfach nur ein Stein, der aussieht wie ein riesiger Dino«, ruft mir Effi zu und mir wird ganz schwindelig von dem umherschwirrenden Lichtkegel ihrer Lampe.

Ich komme näher, sehe es mir selbst an. Und tatsächlich. Es sieht nur aus wie ein schlafender Drache. Und wenn ich mir vorstelle, wie es wirken muss, wenn die Luft vor Hitze flimmert und alles voller Rauch hängt, dann wird mir der Ursprung der Legende klar.

Finley vergräbt das Gesicht in den Händen und ich setze mich neben ihn. Sacht lasse ich meine Finger über seinen Rücken tanzen.

»Tut mir sehr leid«, flüstere ich. Ganz langsam beugt er sich zu mir herüber, hebt den Blick und schaut mich intensiv an.

»Ich wollte den Fund nach dir benennen, Enola«, flüstert er so leise, dass Effi es nicht verstehen kann. Seine grauen Augen schimmern in seinem vom Ruß verschmierten Gesicht.

»Du bist süß.« Es scheint ihm unglaublich viel zu bedeuten, dass man stolz auf ihn ist. Der Drang nach Anerkennung scheint bei ihm sehr stark zu sein.

»Ich hab dich auch gerne, wenn du nichts Bedeutendes findest, Finley«, stelle ich klar und er lächelt schwach.

»Aber es wäre schon cool gewesen, wenn der berühmte Finley Froggat dein Freund wäre, oder?« Sein Blick ist fragend und ich habe den Eindruck, als läge in den Worten mehr.

»Ich bin auch so deine Freundin«, antworte ich und sein Lächeln wird breiter.

»Sagt mal, ist euch auch komisch?«, hören wir Effi fragen und sie taumelt leicht.

Etwas flackert in Finleys Gesicht auf. »Schlechtes Wetter«, stöhnt er und steht auf.

»Was?«

»Niedriger Sauerstoffgehalt in der Grubenluft, das kann vorkommen. Wir sollten gehen.«

»Ach was, das ist ja ganz was Neues! Als wenn ich nicht die ganze Zeit davon spreche. Aber mein Bruder hört mir ja nicht zu. Als wäre mein Gerede nur irgendein Störgeräusch, dem man keine Aufmerksamkeit schenken muss.«

Dann geht alles ganz schnell. Effi stützt sich an einem schief stehenden Balken zwischen uns und dem schlafenden Steindrachen ab. Zuerst rieselt nur etwas von der Decke. Finley hechtet vor, schubst mich zur Seite und zerrt Effi an die Wand. Augenblicklich kracht es und alles wird schwarz, Staub nimmt mir den Atem. Panisch drücke ich mich in den Schutz einer Ausbuchtung.

»Alles okay?«, ruft Finley mir zu. Ich huste. Endlich erkenne ich das Licht seiner Lampe und er kämpft sich durch den Staub zu mir.

Schnell manövriert er mich in Richtung Verbindungsgang. Effi ist komplett schwarz und hustet wie verrückt.

»Oh Mann! Das hätte jetzt echt übel ausgehen können, Leute!«

Ich nicke nur schockiert. Finley stützt mich, lässt mir den Vortritt durch den Spalt in den Tunnel, der uns zurückführt.

Als mein Knie plötzlich bei einer Unebenheit nachgibt, greift Finley meine Hand. Seine ist warm und … nass. Viel zu nass. Unendlich langsam wandert mein Blick an meinem Arm hinunter, bleibt an blutroten Fingern hängen.

Die Zeit verlangsamt sich. Mein Herz setzt einen Schlag aus.

*Ich liege wieder auf dem Asphalt, kann Hope hören, wie sie schreit. Sarahs Gesicht schwebt wieder über meinem. »Nicht, sieh nicht hin«,*

fleht sie mich an. »Alles wird wieder gut.« Und ich drehe dennoch den Kopf, ein ganz bisschen nur. Erkenne die anderen Mädels mit ihren Pferden und Hope. Sie liegt nicht weit entfernt von mir und ihre zappelnden Bewegungen erlahmen. Ich sehe ihre braunen Augen, sie verlieren ihren Glanz, werden leer. »Hope«, flüstere ich ihren Namen und sie atmet ein. Blut formt eigenartige Muster auf dem Asphalt. Und dann fließt ihr Atem aus ihr heraus und sie wird ganz still. Mein geliebtes Pferd ist fort.

# Gegen die Zeit

»Finley, du bist verletzt.« Es fällt mir schwer, mich zu sammeln, den Schock der Vergangenheit mit diesem Schrecken nicht kollidieren zu lassen. Für einen Augenblick ist es, als sei ich nicht mehr wirklich mit mir verbunden. Mir wird klar, dass eine ganze Blutspur an Finleys Arm hinunterläuft und ich könnte schreien vor Angst.

»Verdammt, das sieht gar nicht gut aus. So was von nicht gut«, bemerkt auch Effi und krempelt trotz Finleys Gegenwehr seinen Ärmel hoch. »Finley! Was ist passiert? Ein so rotes Spektakel hab ich ja noch nie gesehen. Oh Gott, das ist furchtbar.«

»Ist schon gut«, meint Finley, versucht, locker zu wirken, und wehrt sich.

»Nichts ist gut, wir müssen sofort zu einem Arzt.« Meine Stimme bebt leicht.

Finleys Hände gleiten von mir ab.

»Ja, vielleicht«, stimmt er überrascht zu. »Ihr hattet recht, wir hätten nicht hier reingehen sollen«, gibt er zu.

»Die Weissagung! *Hüte dich vor der Dunkelheit.* Damit war nicht mein Auftritt mit Pitty gemeint und dieses blöde Sonnensegel, das mich fast erstickt hätte. Sondern die fiese Lady-Grace!« Effi schaut

uns schockiert an. »Hätte ich das gewusst, hätte ich mich vielleicht nicht an diesem blöden Pfeiler abgestützt. Oder einen Erste-Hilfe-Kasten mitgenommen.«

Ich leuchte mit dem Handy noch einmal auf Finleys Unterarm, erkenne einen tiefen Schnitt, aus dem langsam, aber beständig das Blut sickert.

»Das ist bestimmt nicht so schlimm. Lasst uns einfach weitergehen«, wehrt Finley sich erneut. »Es hat hier Leute unter Tage schon schlimmer erwischt als mich. Wollen wir aus einer Mücke mal keinen Elefanten machen.«

»Hörst du dir eigentlich zu?«, faucht Effi ihn an und er taumelt plötzlich. Ich habe Mühe, ihn zu halten. Er seufzt, Schweißperlen bilden sich auf seiner Stirn.

»Na gut, ich bin ein Idiot«, sagt er dann zu Effi und wirkt beschämt. »Und ich kann echt kein Blut sehen, da wird mir immer ganz anders …«

»So viel Blut ist es gar nicht, sieh einfach nicht hin«, versucht sie, ihren Bruder zu beruhigen, und er lacht unglücklich. Er tut mir leid, ich kann in seinem Gesicht lesen, wie seine Welt gerade aus den Fugen gerät.

»Es ist alles halb so wild, jeder hat eine Schwäche, da bist du keine Ausnahme«, versuche ich, ihm gut zuzureden, und stütze ihn etwas mehr.

Die Art, wie Effi mich ansieht, wühlt mich auf.

»Wir müssen die Blutung irgendwie stoppen«, sage ich zu ihr und ziehe mir mein Halstuch ab. Mit zittrigen Händen binde ich es notdürftig um die Wunde.

»Autsch.« Er zieht scharf die Luft ein. Der blaue Stoff färbt sich kurz danach wieder dunkel vom Blut.

»Du musst mit der Hand auf die Wunde pressen«, befehle ich ihm und ein Grinsen huscht im Halbdunkel der Taschenlampe über sein Gesicht.

»Enola, du kannst ja richtig herrisch sein«, versucht er zu scherzen, während wir weitergehen. Der verdammte Tunnel ist so schmal, dass Effi und ich Mühe haben, Finley zu halten. Einer von uns stößt ständig an den Wänden an.

»Und ob, das wirst du noch merken, wenn wir hier raus sind. Das hab ich von meiner Mutter«, plappere ich drauflos und Finley wird immer langsamer.

Effi und ich halten stumme Zwiesprache. Der Tunnel zieht sich, er nimmt scheinbar kein Ende. Deutlich spüre ich, wie Finley immer schwerer wird in unserem Griff.

»Wach bleiben, ja?« Die Art, wie er den Kopf neigt, mich entschuldigend ansieht, bringt mein Herz dazu, schmerzhaft gegen die Rippe zu pochen. Er kann jetzt hier nicht auch noch in Ohnmacht fallen!

Mir gehen die Zeiten nach dem Unfall durch den Kopf. Die Wut, die alles an Trauer in mir erstickte. Die Resignation. Wie oft hat-

te ich mir gewünscht, einfach mit Hope gestorben zu sein. Denn mein Herz war es bereits. Tot.

Szenen huschen durch meinen Geist.

*»Enola, du musst etwas essen«, bat meine Mutter mich und in einer Explosion an Gefühlen fegte ich den Teller Suppe vom Beitisch des Krankenbettes.*

Ich spüre den Schrei in mir, als ich die Übungen mit dem Physiotherapeuten machte, um wieder gehen zu können. Den Schrei, als ich die Arbeit an mir selbst verweigerte, die mich zurück in mein Leben bringen sollte.

Ich schlucke trocken. Das Leben ist schön, das ist mir in den letzten Tagen so nach und nach wieder bewusst geworden. Trotz Verlusten, die man erleidet. Trotz Tiefen, die einem alles abverlangen. Es lohnt sich zu kämpfen. Was wäre passiert, hätte Georgie einfach aufgegeben? In seinem Leben hatte er noch so viel erreicht.

Das Licht der Stallungen glänzt in der Ferne und ich strebe ihm sehnsüchtig entgegen.

»Finley, Finley!«, brüllt Effi plötzlich und zeitgleich sackt er in sich zusammen, zieht uns mit sich zu Boden.

Meine Hände halten seinen Kopf, legen sich an seine Wangen.

»Nicht ohnmächtig werden, wir sind fast da«, beschwöre ich ihn. Finley stöhnt im Ringen mit der Ohnmacht und wir hieven ihn wieder auf die Beine.

Die Zeit ist etwas Eigenartiges. Wenn man sie braucht, beginnt

sie, einem wegzulaufen. Und wenn man in einem anderen Moment nicht verweilen will, scheint sie sich sogar auszudehnen.

Als wir bei den Ställen ankommen, kann ich mir Georgie vorstellen, wie er neben Lucky liegt, die Wange auf dem Boden, und die Flamme der Lampe dabei beobachtet, wie sie erlischt. Verzweiflung! Ich kenne sie und sie kennt mich.

»Wir schaffen das, Finley. Bleib bei uns.« Effi ächzt unter seinem Gewicht und ich öffne mit Gewalt das Gitter des Aufzugs.

»Hey, Finley. Ich hatte gehofft, wir tanzen auf dem nächsten Markt noch einmal«, sage ich zu ihm und seine Lider flattern. Unwillkürlich berühren meine Finger den Anhänger an meinem Hals und Effi setzt den Aufzug in Bewegung. Ratternd fährt er an.

»Es tut mir leid, dass ich euch in Gefahr gebracht habe«, haucht Finley und ich beeile mich zu antworten: »Schon gut, jeder hat seine Leidenschaften. Andere Leute machen Freeclimbing oder tauchen mit Haien.«

Der Aufzug stoppt plötzlich. Mitten im Gestein. Mitten im Nirgendwo, zwischen dem einen und dem anderen Schacht.

»Was ist los?«, kreische ich und könnte ausflippen. Effi drückt erneut auf den Knopf und wartet. »Mach, dass er fährt!«

»Ich versuch es doch!«

»Was ist denn los?«

»Ich weiß es nicht, keine Ahnung. Vielleicht klemmt er«, sagt sie verzweifelt und drückt hektischer. »Und überhaupt. Wieso fragst

du mich? Ich weiß gar nichts. Finley ist das Genie von uns beiden.«

Ich verschlucke einen Aufschrei, ertrage das Blut nicht mehr, das überall Flecken hinterlässt. Auf Finleys Haut, auf meiner, auf dem Kleid.

Der Motor heult auf, vermutlich stürzen wir jetzt alle gemeinsam ab. Immer tiefer, bis zum Mittelpunkt der Erde.

Ich kneife die Augen einmal fest zu, zügle die Gedanken. Doch dann ruckt es plötzlich und der Aufzug fährt weiter.

Ich hatte nicht bemerkt, wie sehr ich meine Kette umklammert habe, und frage mich, ob sie uns gerade Glück gebracht hat, wie Georgies Rose ihm Glück gebracht hat. »Ruf einen Krankenwagen«, sage ich zu Effi und sie zückt ihr Handy.

»Kein Empfang.« Ihre blauen Augen füllen sich mit Tränen.

Der Aufzug stoppt, der Lärm, den er verursacht, verebbt und ich reiße die Tür auf. Wir müssen nur noch den langen Tunnel an den Schienen entlang und wir sind draußen. Dort können wir Hilfe rufen. Wir müssen es nur hinausschaffen.

»Finni?«, höre ich Effi und ich drehe mich zu den beiden um. Der eigensinnige Junge, der mit mir tanzte und mir die Kette umlegte und für den mein Herz sich weiter und weiter öffnete, sackt bewusstlos in sich zusammen.

»Nein, nein, bitte …« Ich versuche, seinen Körper aus dem Aufzug zu bekommen. Er ist unglaublich schwer.

Effi presst ihre Hände auf die Wunde. Ich blicke auf dieses Szenario und bin gefangen in einer Zeitschleife.

Hope! Finley! Hope! Finley!

»Du musst Hilfe holen!«, schreit Effi mich an, weil ich wie erstarrt bin. »Ich kann ihn nicht tragen! Enola!«

Ich gehe rückwärts, wirble herum und renne los. Ein stechender Schmerz im Knie erinnert mich daran, dass ich damals überlebt habe. Dass Georgie und Lucky überlebt haben. Dass es wichtig ist, dass auch Finley es schafft.

Mein keuchender Atem wird von den Wänden des Tunnels zurückgeworfen. Irgendwann sehe ich das Schimmern des Tageslichtes und zücke mein Handy, wähle den Notruf.

Ich weiß nicht, wie viel Zeit vergeht zwischen den wenigen Sätzen, die ich mit der Notrufzentrale wechsle, der Sprachnachricht an Hillary und dem Entschluss, Pitty mit in die Mine zu nehmen, um Finley hinauszutransportieren. Zum Glück muss ich ihn nicht lange suchen. Er steht grasend und patschnass und natürlich losgeleint bei der Kutsche.

»Du musst mir helfen«, sage ich außer Atem und binde den Strick zu einem Zügel.

Das Pony ist sichtlich irritiert, als ich mich ohne Umschweife auf seinen Rücken schwinge und es den Weg entlang und dann ins Halbdunkel des Tunnels treibe. Zuerst zögert Pitty sogar, versucht, auszuweichen und rückwärtszugehen. Doch dann gibt er glück-

licherweise nach. Sein Hufschlag wirkt unnatürlich laut, er dröhnt mit meinem Herzschlag um die Wette. Eine Deckenlampe nach der anderen saust an uns vorbei, doch die gewohnte Angst zu fallen bleibt aus. Beinahe warte ich auf sie, doch sie hat keinen Platz in diesem Moment.

Ich muss mich konzentrieren, das Pony zwischen den Schienen zu reiten, damit er sich nicht verletzt oder wir stürzen. Dann und wann kann ich spüren, wie Pitty den Rücken rund macht und überlegt zu bocken, weil ich auf den Gurten des Kutschgeschirrs sitze, was sicher unangenehm für ihn ist. Ich beuge mich im fliegenden Galopp vor. »Finley ist in Gefahr, Pitty«, lasse ich ihn wissen und er lauscht auf meine Worte. Begreift vielleicht sogar an meiner Tonlage, was ich ihm sage, und beschleunigt.

Als wir endlich an der Stelle mit den Abstellgleisen und dem Lastenzug ankommen, ist Effi vollkommen hysterisch. Sie hält weiter Finleys Wunde und ruft nach Hilfe. Ich schwinge mein Bein über Pittys Rücken und steige ab. Ein kurzer Blick auf Finley reicht, um mich mit Hysterie anzustecken. Sein Gesicht ist aschfahl, die Lippen ganz weiß.

»Hilfe ist unterwegs«, versuche ich, Effi zu beruhigen.

»Ich weiß nicht, was ich machen soll. Ich hasse es, wenn er keine Widerworte gibt. Wenn er sich nicht ordentlich mit mir streitet.« Tief atmet sie ein. »Wie schnell kommen sie her?«, will sie von mir wissen und ich weiß nicht, wie weit das nächste Krankenhaus oder

der nächste Notarzt entfernt ist. Kurzerhand manövriere ich das Pony vor einen der alten Wagen auf dem Abstellgleis.

»Brr, halt still«, bitte ich den kleinen Schimmel. Unsere Panik droht auf das Pony überzugehen und ich habe Mühe, das Gestänge des Wagens an den Gurten zu befestigen. Es passt nicht genau, aber gut genug.

Ich erinnere mich an Hope. An einen wunderschönen Wintertag, an dem ich sie vor unseren Kinderschlitten spannte. Für sie war es das erste Mal, dass sie so ein Gewicht zog, und sie tat es unendlich brav. Für einige Sekunden höre ich das Lachen von Sarah, Katie und Madita, weil die Fahrt über den schneebedeckten Acker so rasant war. Ich saß auf Hopes Rücken und ließ sie galoppieren. Wir waren so frei und glücklich.

»Los, Pitty«, sage ich und der kleine Schimmel zieht an. Wenige Meter später stoppe ich ihn, er schaut mir geduldig nach, während ich zu Effi und Finley stürze, die nur wenige Meter entfernt vor dem Aufzug sind.

»Hilf mir, ihn auf den Wagen zu kriegen.« Ich hätte einen Erste-Hilfe-Kurs machen sollen. Jeder sollte einen machen. Wie kann es sein, dass man nie auf den Ernstfall vorbereitet ist?

Effi nickt verbissen. Gemeinsam ziehen wir Finley über den mit Kohlestaub bedeckten Boden. Wie viele der damals Verunglückten mochten ihre bewusstlosen Kameraden auch auf diese Weise in Sicherheit gebracht haben?

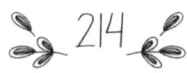

Effi schwingt das Bein über die Kante des Wagens und gemeinsam hieven wir ihn hinein. Ganz fest hält sie ihren Bruder, hockt sich neben ihn und ich beeile mich, zu Pitty zu kommen, zupfe am Zügel.

»Vorwärts, Pitty, zieh. Wir müssen hier raus.« Ich schnalze laut mit der Zunge. Das Pony lehnt sich in die Gurte, trabt bald daraufhin an. Die Eisenräder knirschen über verrostete Schienen. Wir sollten nicht zu schnell werden. Nicht dass wir entgleisen.

Mein wachsamer Blick huscht über den Boden, auf der Suche nach etwas, das den Rädern oder Pittys Hufen gefährlich werden könnte. Ich erinnere mich an Georgies Zeilen, die Mahnung, dass es nicht selten vorkam, dass Pit-Ponys sich die Beine brachen.

»Ich glaub, wir sollten uns echt beeilen«, höre ich über das Geräusch des rollenden Wagens hinweg Effi sagen. Die Bedeutung ihrer Worte stoßen die Tür in meinem Inneren mit Gewalt auf und mein Herz brennt wie Feuer. Ich renne, Pitty stoisch neben mir. Das Licht des Tages erscheint in der Ferne, ich kann das offene Gitter erahnen. Nur wenige Atemzüge und wir sind da. Zehn, neun, acht.

Ich weiß nicht, was ich machen soll, wenn Finley etwas geschieht. Ich laufe schneller, mein Knie ist heiß, doch der Schmerz wird überlagert von der Glut in meinem Herzen. Sieben, sechs, fünf. Gibt es einen Gott? Kann er mich bestrafen wollen? Und Effi?

Das Bild von Hope, als ihre wunderschönen Augen leer werden und ihren Glanz verlieren, brennt sich mir ein. Ich fühle mich, als

kehrte sich mein Innerstes nach außen. Der Ausgang kommt näher, ich sehe den Tisch mit Finleys Ausbeute. Ich sehe Bäume und Wiese. Vier, drei, zwei, eins.

Als ich mit Pitty taumelnd aus dem Maul der Mine laufe, höre ich die Sirene der Rettungskräfte und unendliche Erleichterung durchflutet mich. Blaulicht nähert sich schnell, ich kann es hinter Buschwerk und den Eichen blinken sehen.

Der Regen klatscht auf uns nieder. Er ist hart und kalt. Ich atme ein, verlangsame die Schritte. Der Wagen bremst und Pitty stemmt die Beine in den Boden. Ich atme aus, während ich plötzlich von Brian aufgefangen werde. Der verliebte Schäfer, der Zwiegespräche mit Lockenköpfen hält, redet beruhigend auf mich ein. Ich weiß nicht, wo er herkommt. Und wann Tante Hillary auftaucht. In mir dreht sich alles. Ich hole tief Luft und weine, während Effis Bruder auf eine Trage geladen und in den Krankenwagen geschoben wird und sich die Türen schließen. Effi hockt im Starkregen zum Fischeersäufen auf dem Stein, bei dem wir das erste Mal gemeinsam gepicknickt haben, und zittert. Und all die Emotionen, die ich so gut weggesperrt hatte, brechen hervor. Nehmen mir den Atem und ich schreie und weine alles aus mir heraus.

Die Angst, dass Finley etwas geschieht. Die Trauer um Hope. Das Mitgefühl für Effi.

# Was wenn?

Effi wurde mit Finley ins Krankenhaus eingeliefert, weil sie einen Schock hatte. Mir ging es ebenfalls beschissen und ich schickte ununterbrochen Gebete in den Himmel, dass Finley wieder ganz gesund wird. Wenn ich versuchte zu schlafen, endete es mit einem Schrecken, der mich hochfahren ließ. Nur dass es nicht mehr der Sturz war, den ich erlebte, sondern die Angst um Finley.

Die erwartete Standpauke von Hillary blieb aus, sie sagte nur, ich sei genug gestraft. Und dass ich in Zukunft umsichtiger sein soll, was meine Abenteuer anginge. Ich sparte es mir, die Schuld bei Finley allein zu suchen. Denn so war es nicht. Gewissermaßen hatten wir ihn zu dieser Dummheit animiert, durch unsere Sticheleien. Und wir sind schließlich hinterhergelaufen und waren nicht minder neugierig.

Ich ziehe mir die Decke bis zum Hals, schlage das Buch von George auf und blättere in ihm herum.

Immer wieder bleibe ich bei diesen Zeilen hängen.

Das Leben besteht aus vielen Gefahren und Herausforderungen. Man kann sich ihnen nicht entziehen, denn sie sind das Leben selbst.

Und es stimmt schon irgendwie. Natürlich sollte man sich nicht

mit Absicht in Gefahr bringen, aber selbst beim Straßeüberqueren könnte man zu Tode kommen. Oder etwa nicht?

Dobby schleicht sich heran, meine Füße unter der Bettdecke fest im Visier. Ich seufze, ziehe die Knie an den Bauch und streife die Socken von meinen Füßen. Werfe sie nach dem Kater, der einen davon im Flug fängt und ihn wie ein Beutetier behandelt.

»So, Dobby, hier hast du die blöden Socken. Du bist frei«, sage ich zu ihm und er sieht das erste Mal, seit ich hier bin, richtig vergnügt aus, wie er mit den gepunkteten Dingern spielt.

Ich lese den letzten Abschnitt in Georgies Tagebuch noch einmal, weil er so schön ist, und lenke mich von meinem Gedankenkarussell um Finley und Effi ab.

Beinahe hatte ich geglaubt, Lucky und ich seien verloren.

Als die Dunkelheit vollends um sich griff, weil die letzte Lampe erlosch, hatte ich versucht, meinen Frieden damit zu machen.

Doch dann stellte sich das seltsame Geräusch, das ich seit einiger Zeit vernahm, als Grabungsarbeiten zur Bergung heraus.

Meine Leute kämpften sich zu uns durch. Es dauerte eine Weile, bis ich es begriff. Ich war so benommen von der schlechten Luft und dem Wassermangel, dass ich zuerst dachte, es sei nur ein Traum.

Denn ich sah Kinderfüße auf mich zulaufen. Fionas Füße, nackt und schmutzig. Wie sie es oft waren, wenn sie draußen im

Garten unterwegs gewesen war, um Blumen zu pflücken. Eine schöne Vorstellung.

Erst als mich jemand an der Schulter rüttelte, stellte ich meinen Blick scharf und erkannte Peter, einen Mann von der Feuerwehr.

»Unfassbar, dass du lebst«, sagte er zu mir und half mir auf die Beine, um mich zum wieder freigelegten Aufzug zu bringen. Ich konnte nichts sagen. Meine Zunge klebte am Gaumen und ich war zu verwirrt. Doch als mir klar wurde, dass die Helfer Lucky liegen ließen, war ich hellwach.

»Das Pony«, stieß ich aus und ein Schrecken durchfuhr mich. Einer der Männer stand vor meinem Freund, die Pistole gezückt für den Gnadenschuss.

»Nein, nein ... er muss mit ... rauf!«, schrie ich, so gut ich konnte, riss mich los und wankte zurück zum Verschlag.

»George, der macht es nicht mehr lange«, antwortete der Mann. Ich erkannte ihn gar nicht, nur dass Lucky ihm egal war. »Spätestens der Schock gibt ihm den Rest, wenn er ans Tageslicht kommt«, meinte er und spannte den Revolver.

Sofort stellte ich mich dazwischen. »Er kommt ... mit mir.«

Ich kniete mich vor Lucky, zog an seinem Halfter.

»Junge, du musst jetzt ... aufstehen«, flüsterte ich ihm zu.

Er blinzelte auf seine liebe Art, machte aber keinerlei Anstalten, mir zu folgen.

»Komm, Junge. Du musst ... dich jetzt anstrengen.« Mir war bewusst, wie schwer er atmete und schwitzte. Er war schon länger dämpfig, lungenkrank. Und durch die Anstrengungen und die Belastung des Unglücks war es schlimm geworden.

»Wenn du ihn nicht hochbekommst, erlösen wir ihn, George«, sagte jemand und ich zog verzweifelter an dem Pony.

Seine braunen Augen schlossen sich, während ich an seinem Kopf zerrte. »Bitte, Lucky«, flehte ich ihn an, spürte die Ungeduld unserer Retter. Und als einer der Männer die Waffe erneut auf die Stirn von Lucky richtete, bewegte er endlich die Vorderbeine, stemmte sich hoch.

»Nur ein paar Schritte«, ermutigte ich das vor Anstrengung zitternde Pit-Pony. Er stand so unsicher auf den Beinen wie ein Neugeborenes und ich fieberte mit jedem Schritt, den er tat. Niemals werde ich das Gefühl vergessen, als wir gemeinsam aus der Mine traten und das Tageslicht uns mit gleißendem Licht blendete. Die Luft schmeckte nach Salz und Zucker, es war unbeschreiblich. Ich ließ mich erst ins Hospital fahren, als ich wusste, dass Lucky in guten Händen war. Er wurde mit der frohen Kunde unseres Überlebens nach Hause zu meiner Familie gefahren.


Irgendwann schleppe ich mich nach unten. Brian, der nicht unwesentlich dazu beigetragen hatte, dass Hillary mich nach Hause zum Cottage bekam, sitzt am Tisch und trinkt ein Ale.

»Da bist du ja, Liebes. Wie geht es dir?«, fragt Hillary besorgt und ich humple die letzten Stufen der Treppe hinab.

»Habt ihr etwas von Finley und Effi gehört?«, interessiert mich viel mehr als die Frage, wie es mir geht. Denn ich weiß es nicht mal. Ich bin körperlich relativ unversehrt. Und es ist verdammt viel in den letzten Tagen in mir passiert. Was nicht bedeutet, dass es mir nicht aktuell schlimmer geht als zuvor.

»Ich dachte, du schläfst, sonst wäre ich schon zu dir nach oben gekommen«, sagt Hillary.

»Wie geht es ihm?«, will ich sofort wissen.

»Finley Froggat?«

»Ja.«

»Er ist wohlauf. Der streitet sich schon wieder mit seiner Schwester«, erzählt sie erheitert und ich atme auf. Brian hebt sein Glas und prostet meiner Tante zu, die ein Weinglas bis zum Anschlag gefüllt hat.

»Ich glaub, ich könnte so was jetzt auch gebrauchen«, erwidere ich, bekomme aber nur eine Apfelschorle.

»Bist du so nett und erklärst deiner Mutter selbst, in was du unter meiner Aufsicht verwickelt wurdest?«, bittet sie mich, während sie mir einen Quarkwickel für mein Bein macht. Es hat ganz schön gelitten. Mein Physiotherapeut wäre entsetzt.

»Ja, mach ich. Wäre es schlimm, wenn ich die Hälfte weglasse?«

Schief lächelnd guckt meine Tante mich an. »Wenn du jemals wieder zu mir kommen möchtest, lässt du mich am besten gut dastehen.«

»Ja«, hauche ich nachdenklich. In weniger als zwei Tagen muss ich fort. Und ich will Finley und Effi unbedingt noch einmal sehen, bevor ich fliege. Zur Not werde ich sie im Krankenhaus besuchen, wenngleich mich die Vorstellung in Panik versetzt. Es gibt wohl kaum Orte, die ich mehr hasse als Krankenhäuser.

»So, das sollte helfen«, sagt Hillary und legt mein Bein hoch. Mein Knie wird angenehm warm und ich nippe an meiner Schorle, während ich beobachte, wie Brian nach der Hand meiner Tante greift. Sie schenkt ihm ein liebes Lächeln, das ihn erröten lässt. Es ist beinahe süß, wie sich seine Wangen färben.

»Vielen Dank noch mal für Ihre Hilfe«, spreche ich ihn an und er wird nervös.

»Ich bin froh, dass ich helfen konnte«, wiederholt er nur und schiebt seine Brille zurecht. Zufällig waren meine Tante und er gerade zusammen im Pub, als meine panische Nachricht eintraf. Er fuhr sie sofort zur Mine und war einfach für sie da. Und für mich.

»Ich sollte nach Pitty sehen«, überlege ich und Brian reagiert, indem er mir die Hand auf die Schulter legt, bevor ich aufstehen kann. »Es geht ihm gut. Wir haben ihn versorgt und ihm eine Extraportion Möhren gegeben«, verspricht er sanft.

»Ja, und ich denke, er schläft schon.« Mit einem schnellen Blick

auf die Uhr, erinnert Hillary mich daran, dass es bereits mitten in der Nacht ist. Erst jetzt fällt mir auf, dass auf dem Sofa eine Decke und ein Kopfkissen liegen.

»Ähm, ja. Brian wird hier übernachten, wenn du nichts dagegen hast. Es ist ja unnötig, dass er sich jetzt noch ein Taxi ruft. Fahren kann er nicht mehr«, verteidigt sich meine Tante und zupft mädchenhaft an ihrem geflochtenen Zopf.

»Natürlich, ich habe bestimmt nichts dagegen.« Ganz im Gegenteil. Denn ich habe das Gefühl, dass Hillary den schüchternen Brian lieber hat, als sie zugibt.

Wir unterhalten uns noch lange über die Mine und darüber, dass das Leben kurz ist.


Am nächsten Morgen zum Hähnchenschrei taucht Effi bei uns auf.

»Ich bin daha!«, kräht sie auf ihre entzückende Weise und ich verliere den Futtereimer bei den Ponys aus der Hand. Sie breitet die Arme aus und ich stürze mich hinein.

»Geht es dir gut?«

»Logo, Unkraut vergeht nicht«, kichert sie und drückt mich an sich. Die Ponys wiehern empört, aufgrund der Fütterungsunterbrechung.

»Und Finley?«, muss ich erst wissen, bevor ich die Bedürfnisse der meckernden Ponys erfülle.

»Was sagte ich gerade über Unkraut?«, stellt Effi die Gegenfrage und hebt an meiner Stelle den Eimer auf.

»Er wird heute entlassen, muss sich zu Hause noch so richtig vor meinen Eltern und Großeltern verantworten und sich wenn etwas von ihm übrig bleibt, noch etwas schonen.«

»Gut.« Mir rattern allerlei Fragen durch den Kopf. Ob er mich sehen wollen würde? Ob ich ihn besuchen kann?

»Er bat mich übrigens, ein Date mit dir zu verabreden«, lässt sie mich wissen und verdreht theatralisch die Augen. »Nichts bekommt der Honk selbst hin.« Mit Schwung schüttet sie das Futter in die Raufe und die Stuten und Fohlen stürzen sich nur so darauf.

»Ein Date?« Mein Herz gerät einmal mehr aus dem Takt.

»Soll ich es dir buchstabieren? Ja, ein Date. Aber erst wenn er wieder in Topform ist, meinte er.« Sie runzelt die Stirn. »Ich hab zwar keine Ahnung, wann das jemals der Fall sein sollte, weil er dafür ganz schön viel tun müsste, inklusive Schönheitsoperation, aber nun denn. Er dachte an morgen.« Sie zuckt die Schultern und grinst mich an. »Ich könnte es dir aber nicht verdenken, wenn du dankend ablehnst, nach dem desaströsen Treffen in der Mine. Ich meine, das war ja wohl voll zum Abgewöhnen.«

»Ich denke, ich versuche es noch einmal«, beeile ich mich zu antworten und Effi atmet scharf aus, tut so, als wische sie sich Schweiß von der Stirn.

»Puh, ein Glück. Ich hätte keine Lust gehabt, Finley nach dieser Blamage in seinem Reich auch noch das Herz zu zerbeulen. Wie schön.«

# Das Ende der Welt

Heute kann sich das Wetter anscheinend auf Sonnenschein und Wind festlegen, was mir sehr entgegenkommt. Ich bin viel zu früh am Treffpunkt am Strand erschienen und schaue auf die Wellen, die sich beinahe friedlich brechen. Morgen um diese Zeit würde ich bereits im Flieger sitzen. Ein wenig ängstigt mich die Vorstellung, Schottland zu verlassen. Denn hier bin ich aus meinem Dornröschenschlaf erwacht. Und wer sagt mir, dass die Schwermut mich zu Hause nicht wieder einholt?

Ich zücke mein Handy, lese eine Nachricht von Sarah.

*Hey, du schottisches Hochlandrindvieh. Wir können es kaum erwarten, dich wieder hierzuhaben. Aber zieh dich warm an. Wir müssen dringend über deinen Stil reden. Seit wann trägst du Rüschenkleider?*, geht sie auf meinen letzten Post ein. Ich hatte einen Status mit Fohlen gepostet. Das war noch vor der Mine.

Es piepst erneut. *Sag mal, ist bei euch eigentlich immer so schlechtes Wetter?*, fragt sie mit einem Smiley und einen kleinen Regenschirm.

*Warum? Hier sagen wir: Hay, good scottish weather, the rain comes slightly from the side. Also: Ist doch gutes schottisches Wetter, der Regen fällt fast senkrecht, nur ganz leicht von der Seite.*

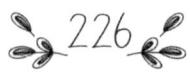

Schnell mache ich ein Foto vom Meer, auf dem das Licht der Sonne glitzert.

*Heute scheint zur Feier des Tages die Sonne. Ich hab gleich ein Date.*

Es dauert nicht lange und mein Telefon klingelt.

»Du wagst es, mir das mal eben so ohne Vorwarnung hinzurotzen?«, begrüßt Sarah mich und lacht. »Mit wem, seit wann und wie sieht er aus?«

»Wenn du brav bist, zeige ich dir vielleicht ein Foto, wenn ich wieder da bin«, antworte ich und spüre Wärme in meinem Bauch. Es ist schön, ihre Stimme zu hören.

»Da lässt man dich einmal aus den Augen und schon machst du so was. Bist du etwa verliebt?«, will sie wissen und ich zögere.

»Komm schon, lass dir nicht alles aus der Nase ziehen«, mault sie und die Verbindung knackt. Der Empfang ist hier echt mies.

»Ich erzähl dir alles, versprochen. Und das ist einiges, dir wird nicht langweilig werden«, verspreche ich und lächle.

»Dann ganz viel Spaß und tue nichts, was ich nicht auch machen würde«, wünscht sie mir.

Es ist Katie im Hintergrund, die ruft, dass sie eine Party schmeißen, wenn ich wieder da bin. Und ein ganz kleines bisschen beginne ich, mich doch zu freuen.

»Denk an die Regeln, Enola. Das ungeschriebene Gesetz«, fügt Sarah ihre Weisheiten in Bezug auf Dates und Jungs noch an, bevor die Verbindung abreißt.

227

Ich habe ja mit vielem gerechnet, aber nicht damit, dass Finley auf Liberty erscheint.

»Da staunst du aber, was?«, fragt er grinsend, als er auf der Düne neben mir hält.

»Und ob.« Finley sieht ein bisschen aus wie ein Prinz. Seine Haltung auf dem Pferd verlangt Bestnoten, und als er die Stute sogar dazu bringt, ein Kompliment zu machen, könnte ich juchzen vor Begeisterung. Dennoch zügle ich meine Emotionen, weil Sarah mir riet, mich in Zurückhaltung zu üben. Jungs müssen das Gefühl haben, um eine Maid zu kämpfen, sagt sie. Allerdings hat er ja schon genug durchgemacht …

»Ich wusste gar nicht, dass du auch reitest«, gebe ich zu. Und dass Effi bereit ist, ihre Stute zu teilen. Ich war echt eigen mit Hope. Niemand durfte sie ohne mein Beisein reiten.

»Du weißt vieles nicht über mich«, antwortet Finley, bevor er gekonnt das Bein über Libertys Hals schwingt und abspringt. Das hat er auf keinen Fall das erste Mal gemacht, also muss er sie schon oft geritten haben. Die Stute wirkt vollkommen entspannt.

»Das liegt an dir, du redest nur über deine Arbeit«, werfe ich ihm halbherzig vor und trete etwas unsicher von einem aufs andere Bein. Mein Knie ist gekonnt von Hillary bandagiert worden und ich frage mich, ob mein Outfit ihm gefällt. Das lange Wollkleid ist eng anliegend und versteckt einen Teil des Verbands. Hoffentlich sitzen meine Haare, die ich zu einem Dutt gebunden habe, noch.

Der Sommerwind zupft immer mehr Strähnen heraus und weht sie mir ins Gesicht.

»Heute rede ich nicht über Geschichte und Steinkunde. Ich schätze, es gibt Interessanteres«, verspricht er und stellt sich neben mich, schaut mich intensiv an. Die Art, wie ein ernstes Stirnrunzeln das Zucken in seinem Mundwinkel ablöst, ist süß.

»Ich muss zugeben, heutzutage ist es nicht besonders leicht, einen nachhaltigen Eindruck bei einem Mädchen zu hinterlassen«, sagt er dann und das Kräuseln auf seinen Lippen wird zu einem Lächeln.

»Ein nachhaltiger Eindruck kann aber auch ein schlechter sein, das ist dir bewusst, oder?«

Unwirsch fährt er sich durchs Haar. »War klar, dass du es mir so schwer wie irgend möglich machst.«

Eine Weile verliere ich mich darin, ihn einfach nur anzuschauen, wie er so dasteht vor dieser schönen Kulisse des Meeres und dem nahezu perfekten blauen Himmel. Seine blasse Haut, die grauen Augen mit seinen so perfekt geschwungenen Augenbrauen, auf die ich wirklich neidisch bin.

»Wie geht es dir denn überhaupt?«, frage ich nach. Ich weiß zwar jede Einzelheit seines Zustandes von Effi, aber ich will es auch von ihm selbst hören. Ich hoffe nur, dass Effi ihr Versprechen gehalten hat und ihm nicht auf die Nase gebunden hat, was ich alles wissen wollte. Er krempelt sein Hemd hoch und zeigt mir seinen Verband.

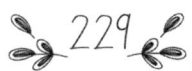

»Ich muss zugeben, der Anblick war echt nicht so schön«, antwortet er. »Es musste mit Nadel und Faden bearbeitet werden und es hatte sich ein Splitter tief zwischen die Sehnen geschoben und einige Gefäße wurden dabei verletzt.« Mit einer fließenden Bewegung lässt er den Verband wieder unter dem Ärmel verschwinden. »Aber zu unserem Glück ist es schon gut verheilt.«

»Unserem Glück?«, hake ich nach und forsche in seinem Gesicht.

»Ja, sonst könnten wir uns hier nicht treffen. Gib zu, du wärst untröstlich.« Er stupst mich sacht mit dem Finger auf die Nasenspitze.

»Es wird allerdings eine Narbe bleiben«, fügt er dann hinzu und legt den Kopf schief.

Ganz langsam hebt er seine Hand, streicht mir den Pony aus der Stirn. Federleicht berührt er meine Narbe.

»Aber das ist nicht weiter schlimm, oder? Jeder von uns trägt sie. Innerlich wie äußerlich«, sagt er ganz leise und seine Worte verwehen im Wind.

»So ist es wohl«, antworte ich und blinzle. Er ist mir so nahe, dass mir der Atem stockt. Und als seine Hand sich sacht an meine Wange legt, schmiege ich mich hinein.

»Ich möchte dich noch einmal um Verzeihung bitten, weil ich dich in Gefahr gebracht habe.«

»Wir leben ja noch«, flüstere ich, mein Blick saugt sich an seinem Mund fest, weil ich fest davon überzeugt bin, dass er mich küssen

will. Doch er zögert. Vielleicht sind es die Möwen, die unweit von uns plötzlich Radau machen und um etwas Essbares rangeln. Oder Liberty, die uns geradezu hypnotisiert mit ihrem Blick, als verfolge sie ein Leinwandspektakel, das sie zu beeinflussen wünscht.

»Das ist schön gesagt, dennoch gelobe ich, nie wieder so leichtsinnig zu sein«, sagt er nach einer langen Stille zwischen uns. »Aber ich finde, ihr hättet meine Arbeit etwas ernster nehmen können. Ihr wart mehr als unhöflich.«

Unhöflich ist es auch, so zu tun, als wolle er mich küssen, und es dann nicht zu machen.

»Sicher, aber um ernst genommen zu werden, muss man sich auch dementsprechend verhalten.« Ich glaube, ich weiß selbst nicht, was ich da rede. Ein Schatten huscht über seine Züge.

»Wie gesagt, ich werde solch eine Fundstätte nicht mehr mit Laien besuchen«, fügt er herausfordernd an und wird dann wieder sanfter. »Verzeihst du mir?«, fragt er, bevor ich Luft geholt habe, um mich zu beschweren.

»Deinen Starrsinn?«, hake ich also nach und beeile mich anzufügen: »Schon lange geschehen.«

Ganz langsam strebe ich ihm entgegen. Und dann erscheint der dicke Pferdekopf von Liberty in meinem Sichtfeld. Sie geht einfach dazwischen, das missgünstige Tier, und schubst mich sogar weg.

Finley lacht, manövriert sie rückwärts. Und beim nächsten Herzschlag überwindet er den Abstand zu mir, legt seine Hand in

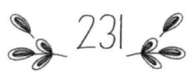

meinen Rücken und zieht mich zu sich heran. Seine Lippen treffen auf meine. In meinem Magen flirrt es. Ein ähnliches Gefühl, wie zu fallen, und doch ganz anders. Ich schließe die Augen, meine Hände klammern sich an die Knopfleiste seines Hemds und als seine Lippen sich öffnen, fließt pure Elektrizität durch meinen Körper.

Es ist nicht mein erster Kuss. Und doch ist es der erste, der zählt.

Unendlich langsam löst er sich wieder von mir und flüstert an meinem Ohr.

»Wie wäre es mit einem Ritt?«, fragt er und ganz schnell ist da wieder die Panik in mir. Doch er scheint es zu spüren und fügt hinzu: »Ich halte dich fest.«

Sehne ich mich nicht danach Ja zu sagen und es einfach zu tun? Skeptisch schaue ich zu Liberty. Es wird etwas ganz anderes sein, auf ihr zu sitzen als auf Pitty.

»Ich pass auf dich auf«, verspricht Finley mir erneut und greift bald darauf mein unverletztes Bein, um mich auf ihren Rücken zu schwingen. Es ist so vertraut, dieses Gefühl. Die seidige Wärme ihres Fells, die Perspektive von hier oben. Finley sitzt hinter mir auf wie ein Akrobat, der dies sogar im fliegenden Galopp könnte. Seine Nähe beruhigt meinen Herzschlag und mein ängstlicher Griff in Libertys Mähne lockert sich etwas. Sie steht ganz still, wartet auf ihr Kommando.

»Bereit?«, höre ich Finley hinter mir flüstern, während er seinen Arm um mich legt.

»Bereit.«

Liberty setzt sich in Bewegung, hinüber zum Meer. Finleys Atem streicht über meinen Nacken, während er sein Gewicht verlagert und Liberty schneller wird. Ihre Bewegungen gewinnen an Raum und sie galoppiert an. Mit Sommerwind in der Mähne schwebt sie dahin, läuft durch Wellen dem Horizont entgegen.

Es ist wundervoll, beinahe magisch, und es befreit den Rest von mir. Ihre Sprünge sind sanft, fast wie bei Hope. Ihr Ohrenspiel signalisiert, dass sie sich immer wieder rückversichert, ob es uns gut geht. So wie Hope es oft tat.

Ein Lachen löst sich aus meiner Kehle, wird vom Wind getragen. Der Griff von Finley liegt locker an meiner Hüfte und ich wage es, die Arme auszubreiten, lasse die Luft durch meine Finger fahren.

Niemals hätte ich gedacht, mich wieder so frei zu fühlen. Niemals hätte ich geglaubt, wieder auf einem Pferd zu sitzen. Und wer kann schon sagen, wenn nicht alles so gekommen wäre, wie es gekommen ist, ob ich es je wieder getan hätte.

Der Ritt endet am Kliff und wir reiten ab hier ganz gemächlich in Richtung Cottage. Über Felder und durch Brians Schafherden.

»Wirst du mich vergessen, wenn du wieder zu Hause bist?«, fragt Finley mich irgendwann. Seine Hände halten die Zügel fest und ich versuche, mich zu ihm umzudrehen.

»Vermutlich ist das unmöglich«, gestehe ich und lehne mich in seine Umarmung. Nach all dem, was ich mit ihm erlebt habe, dem

Tanz, der Mine, dem Kuss und nicht zuletzt seiner Hilfe, wieder aufs Pferd zu steigen. Wenngleich auch Effi einen großen Beitrag dazu geleistet hat.

»Dann hab ich ja alles richtig gemacht«, sagt er vergnügt und hört sich ein bisschen an wie seine Schwester, wenn sie einen Deal eingefädelt hat. Wir reiten über die kleine Steinbrücke, die so urig ist, dass ich hier stets auf den Troll warte, der seinen Wegzoll verlangt. Libertys Hufe klappern so gleichmäßig und beschwingt wie mein Herzschlag.

»Wirst du wiederkommen? Zurück nach Schottland, zu mir?«, höre ich Finley nahe meinem Ohr flüstern. Seine Arme stützen mich, während Liberty den Weg verlässt und eine Anhöhe zwischen zwei Steinmauern emporsteigt. Und so langsam fühle ich mich, als hätte ich mit dem Reiten nie aufgehört.

»Ich habe es vor«, verrate ich ihm. »Vermutlich bringe ich eine Freundin mit.«

»Oje, noch mehr Mädchen auf der Studfarm McKenzie.« Sein Lachen ist frei und warm. »Das macht nichts, ich freu mich drauf. Es gibt noch andere Monster in Schottland, deren Geheimnissen man auf den Grund gehen könnte«, höre ich Finley im Plauderton erzählen. »Nessie zum Beispiel. Es ist noch nicht abschließend geklärt, ob es sie gibt oder was die Leute denken lässt, es gäbe sie.«

»Du bist witzig«, finde ich und lächle, während ich das satte

Grün der Wiesen betrachte. Finley redet weiter über Augenzeugenberichte vom Seeungeheuer. Seine Rede wird immer enthusiastischer und ich versteife mich, denn mir schwant Übles.

»Du machst doch einen Scherz, oder?«, frage ich lieber nach, weil mir das Kichern ein wenig im Halse stecken bleibt. »Tust du doch, oder? Oder?«

Er kann doch unmöglich weiter auf Monsterjagd gehen wollen! Aber nun ist er es, der lacht.

»Nessie ist aller Wahrscheinlichkeit nach nur ein sehr großer Aal«, meint er zu meiner Erleichterung und ich atme auf. »Keine Sorge, ich plane keinen Tauchgang im Loch Ness.«

»Da bin ich ja beruhigt. Und was archäologische Ausgrabungsstätten angeht, die haben wir in Deutschland übrigens auch. Vielleicht kommst du mit Effi mich ja mal besuchen? Ich werde mich auch bemühen, euch in Abenteuer zu verwickeln, die gut ausgehen«, schlage ich vor und halte erwartungsvoll die Luft an. Wenn er Nein sagt, wäre ich echt traurig.

»Auf jeden Fall, wenn wir dürfen?«

»Wenn du dich weiterhin gut benimmst?«, scherze ich und spüre, wie er Liberty antreibt. Sie fällt in einen langsamen Trab. Ihre Mähne wippt im Takt, ich halte mich an ihr fest. Ihre Gänge sind Hopes so ähnlich, weich und schwingend.

Der Stich in meinem Herzen ist immer noch schmerzhaft, wird es vermutlich immer bleiben. Doch ich bin mir sicher, es wird der

Tag kommen, an dem ich mit Liebe an sie zurückdenke und lächeln kann.

Es dauert nicht lange und wir sind am Cottage angekommen. Die Sonne scheint immer noch warm vom Himmel und die Ponys dösen unter den Bäumen. Midnight liegt ausgestreckt im Gras und träumt. Ihre kleinen Beine zucken, als würde sie laufen, und sie wiehert ganz leise vor sich hin.

»Sie träumt von endlosen Wiesen und Haferkuchen«, mutmaße ich und erkenne von Weitem Pitty, der uns entdeckt hat und nun volle Möhre auf uns zurennt. Mit aufgestelltem Schweif und hocherhobenem Kopf. Er sieht fast imposant aus. Aber nur fast.

»Ich schätze, er freut sich genauso, dich gesund und munter zu sehen, wie wir alle«, meine ich und Finley lenkt Liberty zum Stall und pariert sie durch. Sofort flirtet der verrückte kleine Wallach mit ihr und Finley hilft mir abzusteigen. Ich rutsche nicht gerade elegant vom Pferderücken, doch ich werde aufgefangen.

»Ich hab dich«, raunt er und blickt mich intensiv an. Sofort kribbelt es in meinem Bauch. Doch ehe er mich erneut küssen kann, kommt jemand aus dem Stall gepoltert.

»Ich bin daha«, kräht Effi. »Ich hoffe, ich störe bei irgendwas?« Lässig lehnt sie sich ans Rolltor und setzt es ungewollt in Bewegung. »Es wäre heute übrigens nicht das erste Mal, dass mein Timing perfekt ist«, plappert sie aufgeregt drauflos. Finley seufzt, gibt mich frei.

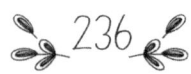

»Ihr werdet mir nicht glauben. Da komm ich zum Stallausmisten, ihr wisst ja, dass Hillary mir beibringt, den kleinen Traktor zu bedienen – die Frau von heute sollte so was unbedingt können –, da erwische ich Brian, wie er es wieder tut.«

Theatralisch greift sie sich ans Herz, taumelt und fällt dann ihrer Stute Liberty um den Hals. Die guckt verdutzt, aufgrund dieser Zärtlichkeitsattacke.

»Was tut er wieder?«, wundert sich Finley und schaut ausgerechnet mich fragend an.

»Na, er küsst Hillary, du Dummerchen!«, verrät Effi. »Und während ich darauf warte, dass sie ihm diesmal mit einer Ohrfeige begegnet, küsst sie ihn zurück. Ist das zu fassen?«

»Schaffen wir es irgendwie, dass sie aufhört, darüber zu reden?«, fragt Finley mich mit einer gewissen Verzweiflung in der Stimme und ich deute ein Kopfschütteln an. Er sollte seine Schwester doch besser kennen. »Wir könnten das Tratschweib einfach ignorieren und uns noch ein paar schöne Stunden machen«, fleht er und Effi erzählt ungerührt weiter.

»Und dann nimmt er Hillary so in den Arm, so ...« Sie macht es nach, beugt sich vor, als hielte sie meine Tante, die nun knapp über dem Boden schwebt. »... und knutscht richtig drauflos.« Sie kichert. »Ihr glaubt es nicht, das war mindestens so unangenehm wie Biounterricht in der achten Klasse. Ihr wisst schon, Blümchen und Bienchen. Hahahaha.«

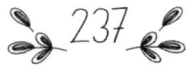

»Oh Gott«, seufzt Finley. »Es gibt Dinge, die will ich nicht wissen.«

Gerade als der kleine Hahn seine Hennen schüchtern aus dem Stall führen will, geht beim Haus die Tür auf. Meine Tante winkt uns zu. »Es gibt Kuchen und Tee, wenn ihr uns Gesellschaft leisten wollt?«, lädt sie uns alle ein.

»Super, Kuchen, ich liebe Kuchen!« Effi ist entzückt und wir bringen Liberty mit Pitty auf die Weide.

Wenig später sitzen wir alle gemeinsam am Tisch. Effi hat Midnight auf dem Schoß, was Brian ein Naserümpfen entlockt.

»Haustiere haben am Tisch doch nichts zu suchen«, findet er und schaut hilflos zu meiner Tante, die Teller und Tassen verteilt. Dobby, der sich in Zurückhaltung übt und auf seinem Sessel sitzt, würde ihm bestimmt, was den Paarhufer am Tisch angeht, zustimmen. Zumindest ist sein Blick auf Effi und Midnight nicht weniger missbilligend.

»Midnight ist doch kein Haustier«, beeilt sich Effi zu antworten und streichelt sacht die Ponyohren. »Was ich noch fragen wollte, wie war denn nun der Ausritt auf meiner Lichtgeschwindigkeitsstute?« Erwartungsvoll schaut Effi mich an und in mir wird alles angenehm weich, als Finley meine Hand drückt.

»Liberty war wunderbar, wie immer«, lobt er ihr Pferd und Effi strahlt. »Das ist sie, die Zuverlässigkeit in Stute.«

Der Stuhl ächzt unter Effis und Midnights Gewicht, während sie

sich nach hinten lehnt und das Fohlen höher auf ihren Arm wuchtet. Die kleine Stute seufzt genüsslich und schließt die Augen.

»Wenn die Süße ihren Mittagsschlaf erledigt hat, bringst du sie aber wieder zu Tiny. Ich will nicht, dass sie mir ins Wohnzimmer äppelt«, mahnt Hillary. Wir wissen beide, wie sehr sie solche Momente liebt und dass sie gerne unkonventionell mit der Haltung von Tieren umgeht. Ganz im Gegensatz zu Brian, wie mir scheint, der irritiert mit der Gabel seinen Kuchen bearbeitet und sich vor Ponyhaaren im Essen fürchtet.

»Und?«, kann sich Effi nicht verkneifen. »Steht jetzt eine Scheidung im Dorf an?«

Brian fällt die Kuchengabel aus der Hand, laut scheppernd landet sie auf dem Teller. Er sieht verdammt ängstlich aus, der gute Schäfer.

»Ich finde, wir wechseln mal das Thema«, sagt Hillary und schenkt mir Tee nach. Brian schaut sie erleichtert an. »Ist mit deiner Mutter alles geklärt, dass sie dich vom Flughafen abholt?«

»Ja, sie weiß Bescheid.« Und sie ist aufgeregter als ich. Ich hoffe sehr, sie verschont mich mit irgendwelchen Überraschungen.

»Es ist so traurig, dass du schon wieder wegmusst. Es wurde doch gerade erst lustig.« Effi macht einen Schmollmund und das Pony auf ihrem Arm wird wach, beginnt zu zappeln.

»So, raus mit dem Fohlen«, fordert Hillary streng, als der Tisch beängstigend wackelt und das Geschirr klirrt. Schnell hält Brian seine Tasse fest und rettet den Kuchen.

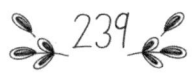

Die restliche Zeit, die uns allen bleibt, verbringen wir damit, uns lustige Anekdoten von früher zu erzählen. Und der Abschiedskuss von Finley, bevor er geht, hat es wirklich in sich. So eine Verabschiedung hat das Potenzial, ein Herz gleichermaßen wiederzubeleben wie zu brechen. Und ich muss zugeben, ich bin so froh über jede Regung in mir. Egal, ob sie so unbeschreiblich schön ist oder auch traurig, weil der Abschied naht.

# Über den Wolken

Ich halte das kleine Buch von Georgie fest in der Hand, während der Flieger höher und höher steigt und durch Wolken bricht. Diesmal habe ich einen Fensterplatz und kann mich an dem wunderschönen Anblick erfreuen. Die Unruhe und Angst, die ich beim letzten Mal gefühlt habe, ist weg. Die einzige Sorge, die eine Rolle spielt, ist die Party, die mich erwartet. Sarah hat sich beim letzten Telefonat gestern Nacht verplappert. Sie verriet, dass sie Papierhüte bastelte, was nicht nur Dobby komisch vorkam, als er es durch den Lautsprecher des Telefons hörte. All die Beteuerungen, dass es rein gar nichts mit meiner Rückkehr zu tun hat, wurden schließlich von der Frage von Madita torpediert, die ins Gespräch platzte: »Was ist Enolas Lieblingssong?«

Ich lehne den Kopf an die Scheibe, wir steigen weiter durch wattigen Nebel und bald darauf liegt ein weißer Teppich aus Wolken unter mir. Es sieht so friedlich aus und wenn ich die Augen schließe, stelle ich mir vor, in einem sanften Galopp dahinzufliegen.

Plötzlich bekomme ich etwas auf den Kopf und ich schiele nach oben.

»Hallo«, sagt eine mir vertraute Stimme und ich muss lachen. Das ist ja nicht zu fassen! Wie wahrscheinlich ist es, dass man mit denselben Leuten, mit denen man irgendwohin geflogen ist, auch wieder zurückfliegt? Justus-fünf-Finger-alt grinst mich an und schwingt sein Stoffkrokodil.

»Guck mal, ich hab einen Zahn verschluckt«, erzählt er mir und zeigt auf eine Zahnlücke. »Bin hingefallen«, fügt er erklärend an. Allem Anschein nach hat er mit seiner Mutter das Lady-Victoria-Colliery-Museum, eine andere Kohlemine, besucht und war über seine eigenen Füße gestolpert. Beachtlich unsere Parallelen des Aufenthaltes in Schottland.

»Tut aber gar nicht mehr weh«, versichert er und das Krokodil stürzt ab, genau in meinen Schoß. Ich veranstalte eine Art Puppenspiel mit der kleinen Quasselstrippe, bis er so müde wird, dass er einschläft und ich ein bisschen in dem Tagebuch lesen kann, das Hillary mir mit ein paar von Georgies Fotos geschenkt hat.

Lucky hatte noch drei gute Jahre, bis seine Lungenkrankheit so schlimm wurde, dass wir ihn erlösen mussten. Und er fehlt mir immer noch jeden Tag. Seine unvergleichliche Art, wie er mich morgens mit einem tiefen Brummen begrüßte, oder die Kunst, Boxtüren zu öffnen und auszubüxen.

Immerhin hat sich das Erholungszentrum für Minenpferde etabliert und wir haben regelmäßig Patienten, die wir wieder aufpäppeln können. Es kommen Shetlandponys, Exmoor- und Dartmoorponys und sogar einige Welschponys. Allesamt mit

Leiden wie Druse, Dämpfigkeit, Räude und Augenentzündungen.
Sogar ein Esel mit ständigen Koliken wurde zu uns gebracht
und ist seitdem auf dem Weg der Besserung. Meine Schwestern
kümmern sich mit Begeisterung um all die Tiere.

Natürlich habe ich mein Ziel, dafür zu sorgen, dass kein Tier mehr
in die Minen muss, nicht aus den Augen verloren. Doch der Weg ist
steinig und ich werde einen langen Atem brauchen. Gestern haben
wir die ersten Zuchtstuten von den Shetlandinseln geholt, um sie
als Kinderponys in der Umgebung zu etablieren. Um den Menschen
hier die Augen zu öffnen, für das Unrecht, dass sie den Tieren zu-
fügen. Denn wenn sie erkennen, wie treu und liebevoll die Ponys mit
ihren Reitern umgehen und wie zuverlässig sie sind, wird vielleicht
ein Umdenken erreicht. Und eine Liebhaberin dieser kleinen Pferde
habe ich neulich kennengelernt. Sie ist die Tochter des hiesigen
Viehdoktors, der regelmäßig bei uns auf dem Cottage vorbeischaut.
Ihr Name ist Mary und ich bringe kaum ein Wort heraus, wenn
ich in ihrer Nähe bin. Zum Glück hat sie keine Scheu, für uns
zwei zu reden, was mir entgegenkommt. Ich will sie fragen, ob
sie mit mir ausgeht, habe aber noch keine Ahnung, wie ich das
anstelle. Vielleicht versuche ich es als Erstes mit einem Strauß
Blumen? Rote Rosen erscheinen mir am besten, denn bislang
haben sie mir ja Glück gebracht.

# Ende

Als Winterkind im Jahre 1978 in Bremen geboren, verfolgte Mina Teichert zunächst hartnäckig das Ziel, Kunstreiterin im Zirkus zu werden. Mit zwölf entschied sie sich um und beschloss, Kinofilme zu machen, was sie über den Umweg als Fotografin ans Schreiben brachte. Schnell verliebte sie sich in diese Art des Geschichtenerzählens.

Wenn Mina nicht gerade schreibt, hilft sie ihrem Mann auf seinem Milchviehbetrieb in Niedersachsen oder bemuttert ihre fünfzehnjährige Tochter und deren Katzenbabys.

Mina Teichert
**Mein unverhoffter Pferdesomme**

256 Seiten
Hardcover
ISBN 978-3-7641-5214-7

Ab 10 Jahre

ebook

# Ein eigenes Pferd über Nacht

Die 14-jährige Milli traut ihren Augen kaum: Steht vor ihrer Garage
mitten im Neubaugebiet wirklich ein riesengroßer Hannoveraner Wallach
Noch dazu sieht es ganz danach aus, als würde dieses gewaltige Tier von
nun an ihr gehören! Aus heiterem Himmel von ihrer Tante geerbt, muss
sich Milli ab sofort um das Pferd namens Jupiter kümmern, dabei hat sie
doch eigentlich nur Ballett und ihren Instagram-Kanal im Kopf. Chaos ist
vorprogrammiert! Doch auch das größte Durcheinander kann sich als
unverhofftes Pferdeglück entpuppen ...

Mina Teichert
**Ein Sommer zum Pferdestehlen**

288 Seiten
Hardcover
ISBN 978-3-7641-5142-3

**Auch als E-Book erhältlich!**

# Alles für die Freiheit

Die 13-jährige Klara ist fassungslos: Der alte Schrotthändler im Dorf will die putzmuntere und kerngesunde Irish-Cob-Stute Gypsy zum Schlachter geben! Schnell fasst sie gemeinsam mit ihrer besten Freundin Marei einen wagemutigen Plan: In einer Nacht- und Nebelaktion spannen sie die Stute vor ihren alten Wanderwagen und mopsen das Pferd mitsamt Zubehör. Ihr Ziel ist ein etwa hundert Kilometer entfernte Gnadenhof in Holland. Ein Pferde-Roadtrip der besonderen Art beginnt!

Ein Buch über einen Sommer, in dem alles möglich scheint!